デヴィッド・ストーン・マーティンの素晴らしい世界

Haruki Murakami
村上春樹

文藝春秋

デヴィッド・ストーン・マーティンの素晴らしい世界

目次

まえがき

デヴィッド・ストーン・マーティンのデザインしたジャケットのレコードをとくに意識して集めていたわけではない。ノーマン・グランツが制作した古いクレフ（Clef）やノーグラン（Norgran）やヴァーヴ（Verve）・レーベルのレコードを、長年かけて集めているうちに自然に、彼のデザインした音盤が手元に溜まってしまっただけだ。彼がデザインを手がけたと知らずに買ったものも少なからずある。だから購入したものの、中身が気に入らなかったり、盤質に不満があったりしたものは、わりにあっさり処分してしまった。今になってみれば「ああ、あれ、とっておけばよかったな。ジャケットだけでも貴重だったのに……」と後悔するケースも少なくない。

それなりに意識してＤＳＭ（デヴィッド・ストーン・マーティン）ものを集めるようになったのは、だいたいコレクションが百枚を超したくらいからではないかと思う。そして現在ではかれこれ百八十枚ほどのＤＳＭものを所有している。ここに紹介したのは、すべて僕が個人的に所有し、日常的に実際に聴いているレコード盤だ。印刷の質などを考慮して、できるだけオリジナル（原盤）に近いものを掲載するようにしたが（複製だとどうしても色合いが微妙に変化するので）、やむを得ず日本国内盤で間に合わせたものもある。日本ポリドールは丁寧なレコード作りをしてくれるので、その点ありがたくはあるのだが。

ＤＳＭがその生涯で担当したレコードのジャケット・デザインの範囲は広く、クラシック音楽からフォークソング、トラディショナル・ブルーズなども数多く手がけている。彼の手になるブックカバーも数多くある。ウィリアム・フォークナーの初版本の多くを彼がデザインしているということだ。ただ僕はもっぱらジャズのレコードを蒐集《しゅうしゅう》しているので、ジャズ以外のもの、あるいはレコード以外のフォーマットについては、カバーし切れていないし、正直言ってそこまで手をのばすだけの意欲も、時間の余裕も持ち合わせていない。デザイン的には刮目《かつもく》すべきものも多いのだが、それでも……。

個人的な話になるが、僕はジャズ・ファンではあるけれど、そして長年にわたってレコードを買うことを趣味として愉《たの》しんではきたけれど、決してコレクターではない（と思っている）。だから少数の例外をのぞいて、一枚のレコードに五千円以上、五十ドル以上のお金は払わないと自分なりのルールを定めている。そうしないとそれはもう趣味とかゲームとかいう範疇《はんちゅう》のものではなくなってしまうから。とにかく手間と時間をかけて、足を使ってこつこつとレコードを探しまわる、それが僕のレコード・コレクションの鉄則だ。だから貴重なレコードを手に入れる機会はそれなりにあったけれど、高い（骨董品的）値段のついているレコードにはいっさい手を出さずにやってきた。そんなわけで、僕がここでみなさんに「個人的所有物」としてお見せできるレコードは、完璧《かんぺき》なＤＳＭ作品カタログではないし、抜けている重要な作品も少なからずある。ＤＳＭのジャケット・デザインはジャズ・ファンの間で人気が高く、世界的にコレクターも多いし、僕などよりずっと数多くＤＳＭのレコードを所持している方ももちろんおられるはずだ。だから僕ごときがこうしてしゃしゃり出るのもおこがましいのだが、個人的な「ＤＳＭ愛」のゆえと考えて、ご容赦いただければありがたい。

僕の場合――おそらく他の多くのＤＳＭファンの場合もそうではないかと想像するのだが――とにかくＤＳＭのデザインしたレコード・ジャケットを手にとって眺めているだけで、なんだか人生で少しばかり得をしたような気がしてくるのだ。だから本書はあくまで、ＤＳＭのデザインしたジャケットをひとつの柱として、僕がジャズへの想いを自由に語る本、という風に考えていただけると嬉しい。

ノーマン・グランツが１９４０年代から１９５０年代にかけてレコードを制作していた頃、レコードは7インチ盤（45回転ＥＰ）と10インチ盤（25センチＬＰ）と12インチ盤（30センチＬＰ）の三種類で発売されていた。そこには規格を巡るＲＣＡ（45回転派）とコロンビア（33回転派）の確執も関係していた。それに加えて初期はＳＰ盤（78回転）も出していたから、コレクションは難儀をきわめる。僕はさすがにＳＰ盤はいくつかの例外を除いてあきらめているが、7インチ、10インチ、12インチ（本文では7″、10″、12″と表記）は機会があれば、それぞれのフォーマットのものを買い求めるように努めている。中でもとくにＤＳＭのデザインは、10インチ盤のサイズにおいていちばん冴《さ》えを示しているように僕は感じるのだ。彼はほとんどの場合、10インチ盤をベースとしてジャケット・デザインをおこなっていたから。だからそれがそのまま12インチ盤に適用されると、いささか間延びしたように思えてしまうこともある。

ＤＳＭは１９１３年にイリノイ州シカゴで生まれ、１９９２年に亡くなっている。本名はデヴィッド・リヴィングストーン・マーティン。子供の頃「リヴィングストーン博士ですね（Dr. Livingstone, I presume）」という決まり文句（スタンレーがアフリカ奥地でリヴィングストーン博士に邂逅したときに口にした言葉）でからかわれるのがいやで、ミドルネームをストーンに変えた。結果的にはなかなか素敵なミドルネームになった。

長老派の牧師の息子として生まれた彼は、子供の頃から画才を示し、シカゴの美術学校で学んだ後、15歳年上のベン・シャーンに出会い、ニューディール関係の仕事を共にすることによって、彼から多くの面で多大な影響を受ける。また第二次大戦中には従軍画家として戦地に赴《おもむ》き、職業的画家としての腕を現場で磨いた。

１９４４年に彼はアッシュ（Asch）という小さなレコード会社と関わりを持ち、レコード・ジャケットのデザインを始める。アッシュ／スティンソン（Stinson）・レーベルでの仕事は主にＳＰレコードのデザインが多かった。本書ではジェームズ・Ｐ・ジョンソンのジャケットなどを取り上げたが、社会主義的リアリズムの匂いが色濃く漂うなかなかの力作だ。またこのアッシュ時代に彼はノーマン・グランツと知り合い、ＪＡＴＰ（Jazz at the Philharmonic）の有名なトランペッター・ロゴをあしらったレコードのジャケット・デザインを手がけている。このトランペッター・ロゴは以来長年にわたって、ＪＡＴＰの輝かしいシンボルとなり、またグランツ主宰のレコード・レーベルに使用された。

ＪＡＴＰ主催で成功を収め、アッシュから独立したノーマン・グランツはやがて自己のクレフ・レーベルを起《た》ち上げ（初期の販売元はマーキュリー〔Mercury〕）、そのジャケット・デザインをＤＳＭに大幅に任せるようになる。それまではレコード・ジャケットのデザインに気を配るようなレコード会社はほとんどなかったのだが（それは要するに実用的な包み紙に過ぎなかった）、グランツはジャケット・デザインに思い切って手間と金をかけた。そのような高級感を商品に与え、全体的なクオリティーを高めることによって、戦後登場した中産階級の幅広いマーケットに積極的に食い込もうとしたのだ。そういう点ではなかなか鋭い商才を持ち合わせていたわけだが、また彼は同時に熱心にして純粋な美術愛好家でもあった（経済的成功を収めた後には、パブロ・ピカソの有力なコレクターとなる）。グランツは若きＤＳＭの才能を見抜き、その独自のスタイルに惚れ込んで、彼をクレフという新興レーベルの「美術監督」的なポジションに据《す》えた。

ＤＳＭの絵は、ペンによるきりっとしたシンプルな線が中心で（おそらくはベン・シャーンの影響が強い。愛用したのは主に crow quill pen――かつてはカラスの羽根を使って作られた丸ペン）、そこにあっさりと単色が添えられる。そしてそのような画風は当時の印刷技術事情にうまく合致していた。当時は（主として経済的な理由で）レコード・ジャケットに多くの色彩を使用することができなかったのだ。また技術的にもそれほど複雑な色が出せなかった。つまりひとことで言うなら、ＤＳＭの画風は新鮮、斬新であると同時に「安上がり」だったとも言えるわけだ。ＤＳＭがデザインしていないクレフのレコードの大半がモノクロ写真のものであったことも、そのような事情を反映しているだろう（このモノクロ写真シリーズもなかなかデザイン的に素晴らしいのだが）。

そのようにしてDSMは1940年代後半から1950年代にかけて、ノーマン・グランツと共にジャズのレコードを次々に制作していく。まさにDSMの全盛期だ。そしてまたそれはジャズのひとつの全盛期でもあった。ジャズはビッグバンドの時代からコンボ・ジャズの時代へと移っていき、クレフ／ノーグラン・レコードはその波に乗るように隆盛《りゅうせい》を続けた。この時代のDSMの筆の（ペンの）動きにはまるで迷いがないように見える。あまりにも仕事量が多すぎて、絵がある程度パターン化していくきらいはあるにせよ、「そのパターンがなんとも言えずたまらん」という幸福な境地に達している。彼は個人的にミュージシャンたちと親交を結び、録音スタジオに頻繁に顔を出し、それぞれの演奏家の性格や癖や表情の変化などを呑み込み、それをもとに彼らの姿を描いた。ジャズという音楽が好きだったし、ジャズマンという人種が好きだったのだ。だからこそそこには人間的な温かみと、ジャズのリアルな実況感が生き生きと感じられることになる。また随所に漂っている彼のユーモアの感覚も見落としてはならない。

DSMのデザインしたレコード・ジャケットのほとんどすべてにはDavid Stone Martinという名前が、独特の書体で隅に書き込まれている。そんなことが許される画家は彼の他にはごく僅《わず》かしかいなかった。専属というわけではないのだろうが、クレフ／ノーグラン（1956年に両レーベルはヴァーヴという新レーベルに吸収される）以外のレコード会社の仕事は、数点の例外を除いてほとんど手がけていない（そのおかげで数多くのDSM

も、ど、き、が活躍の場を広く与えられることになるのだが)。そしてグランツはジャケット・デザインに関して、どうやらこのユニークなデザイナーに細かい注文を一切つけなかったらしく、DSMは気の赴くまま、自由に好き放題なことをしていたように見受けられる。彼は「ジャケット・デザインはこうあるべきもの」という一般的な約束事をハナから無視しているようだ。そこでは営業的効率みたいなものも概《おおむ》ね軽視されている。コロンビアやRCAのようなメジャー・レーベルであれば、そんな気ままなことは決して許されなかっただろう。グランツはよほどDSMを信用し、信頼していたのだろう。様々な楽しい、あるときには謎めいた実験がジャケット上で自由に試みられることになった。そういう点では二人は良きコンビだった。

しかし1960年あたりを境として、ジャズの状況は大きく変化を遂げ、それにつれてグランツの営業方針も徐々に変化を遂げていく。扱うミュージシャンも前とは違う顔ぶれになる。クレフの看板であったチャーリー・パーカーやレスター・ヤングやビリー・ホリデイは既にこの世になく、JATPのような大がかりな興行も大衆に飽きられ、ジョン・コルトレーンやオーネット・コールマン、ビル・エヴァンズといった新世代のミュージシャンが台頭してくる。DSMはそんな新しい音楽状況、そしてまたレコード会社の体質の変化に次第に違和感を感じ始めたようだ。業界もまたより派手で色鮮やかで、人目を惹《ひ》くデザインのレコード・ジャケットを求めるようになる。そのようにして長く続いたDSMとグランツとの蜜月はそこでいったん終了し、二人の共同作業は打ち切られることになる。そしてグランツは1961年に手持ちのヴァーヴ・レーベルを、全カタログを含めてMG

Mに三百万ドルで売り渡す（今にして思えば実に安い買い物だ）。

それ以降のＤＳＭの仕事の航跡を辿るのは簡単ではない。わかっているのは、何らかの事情があって、もうそれほど活発にレコード・ジャケット・デザインの仕事はしなくなったということくらいだ。グランツが新しく始めたレコード会社「パブロ（Pablo）」のために、コールマン・ホーキンズのアルバム「シリウス」のデザインを手がけたが、パブロのための仕事はこれひとつだけで終わっている。美術学校で教鞭《きょうべん》を執《と》っていたという記録もある。１９６０年代には「タイム」誌の表紙の人物画を八度にわたって手がけているから（ロバート・ケネディーもそのうちの一人）、主としてレコード・ジャケット以外の仕事に携《たずさ》わっていたということなのだろう。

ＤＳＭは１９７７年に重度の発作に襲われ、左半身が不随になる。しかしそれでも右手を使って絵を描き続け、旧知のガス・スタティラスの主宰するジャズ・レーベル「プログレッシヴ（Progressive）」から依頼を受け、久方ぶりに一連のジャケット画を描くことになった。以前のＤＳＭの絵に比べると色彩がぐっと明るくなり、描かれるミュージシャンたちの顔つきもクレフ時代に比べるとより丸みのある、穏やかなものになっている。これが歳月の経過による画風の変化なのか、あるいは半身不随というハンディキャップがもたらした心境の変化みたいなものなのか、そのへんは余人にはもちろんわからない。しかし晩年になって彼が、何かと不自由な身体でこれだけの量の仕事を着実にこなし、その意欲的なカムバックを僕らがこうして目にする（そして手にする）ことができるというのは、なんといっても素敵なことだ。

DSMのレコード・ジャケットに関する書物は、マネック・デーバー氏によって日本で編集・制作され（表記は英文と日本文の両方）、『ジャズ・グラフィックス（Jazz Graphics）』というタイトルで、グラフィック社から1991年に刊行されている。これは彼のデザインしたレコード・ジャケットを丁寧に網羅、収録したもので、資料としては大変貴重なものだ。本書の原稿もそこに収められた記述を参考にさせていただいた。このような意義ある書物が世界に先駆けて日本で作られたことに、賛嘆の念をいだかないわけにはいかない。

ただ現在この本は、残念ながらかなり入手が困難であるらしく（僕はアメリカでのオークションで手に入れた）、そういう意味でも本書（今回のこの企画）が日本におけるDSMの再評価の今一度の引き金になってくれればと願っている。またこの『ジャズ・グラフィックス』という本は主にアート・デザインの面からDSMを論じたものなので、僕としてはもう少し中身の音楽寄りの内容にしてみたいという思いもあった。そんなわけでDSM以外の人がデザインした（と思われる）ジャケットも、必要に応じていくつか混じっている。

デヴィッド・ストーン・マーティンの素晴らしいレコード・ジャケットの世界をじっくり味わっていただきたいと思う。そしてできることなら、そこに収められている音楽にも耳を傾けていただきたい。それらは言うまでもなく本来、渾然一体となって存在すべき性格のものなのだから。
なお資料チェックなどの面で村井康司氏にお世話になった。深く感謝したい。

チャーリー・パーカー

（アルト・サックス）

Charlie Parker

① With Strings（10″）	Clef MGC-501
② With Strings（10″）	Clef MGC-509
③ South of the Border（10″）	Clef MGC-513
④ The Magnificent	Clef MGC-646
⑤ Machito; Jazz with Flip & Bird（10″）	Clef MGC-511
⑥ Charlie Parker; vol.7 Big Band（フランス盤）	仏 Verve 817-448-1

ビバップ音楽の象徴ともいうべきアルト・サックス奏者チャーリー・パーカーは、グランツの主宰する初期のクレフ・レコードにとって欠かすことのできない目玉的存在だった。麻薬がらみで様々なトラブルを引き起こし、そのたびにグランツをはらはら、イライラさせながらも、彼はクレフのために――調子に多少のばらつきはあっても――数多くの優れた録音を残した。そしてそれは言うまでもなく、ジャズにとっての貴重な記録となっている。

　チャーリー・パーカーのニックネームは「バード」だったから、DSMはパーカーのレコード・ジャケットのために数多くの鳥の絵を描いている。④ではパーカーの足もとに鳥が一羽、黒目を剝《む》いてごろんと横たわっているが、これは死んでいるのか、麻薬で意識を失っているのか、それとも演奏の素晴らしさに失神してしまったのか、よくわからない。判定のしようがない。その隣では真っ黒な鳥が一羽、何かを悼《いた》むように沈思黙考《ちんしもっこう》している。DSMの絵にはよくこういう謎かけ的ディテイルが配されており、

④

その物語性がファンを楽しませてくれる。しかしいずれにせよ、保守的なメジャー・レーベルにあってはこんな遊びは「不健康なもの」として、まず許されなかったはずだ。

④この「マグニフィセント」と題された12インチ盤には「オー・プリヴァヴ」「スウィーディッシュ・シュナップス」を含めた四つのセッションが収められているが、どれをとっても完璧な名曲名演で、当時のパーカーの天馬空《くう》を行くがごとき鮮烈なフレージングをたっぷり満喫することができる。セッションごとにサイドメンが多少変化しても、それによってパーカーの輝きが減じられることはない。

①②高名な「ウィズ・ストリングズ」セッションは、10インチ盤では二枚に分かれているが、501では口ひげをはやしたパーカーの隣に、このオーケストラの指揮者であり、オーボエ奏者でもあるミッチ・ミラーの姿が小さく描かれている。ミッチ・ミラーは後にCBSコロンビアの音楽部門の責任者となった。この二枚の10インチ盤は赤と黄色の二色が基調となっている。どちらも収められた音楽の素晴らしさと相まって、忘れがたいジャケット・デザインとなっている。それに比べると後年一枚にまとめられたヴァーヴ12インチ盤のデザインのなんと凡庸なことか！

③「サウス・オブ・ザ・ボーダー」の闘牛士姿のパーカーも鮮烈だ。赤い牛と、黄色いアルト・サックスの対

①
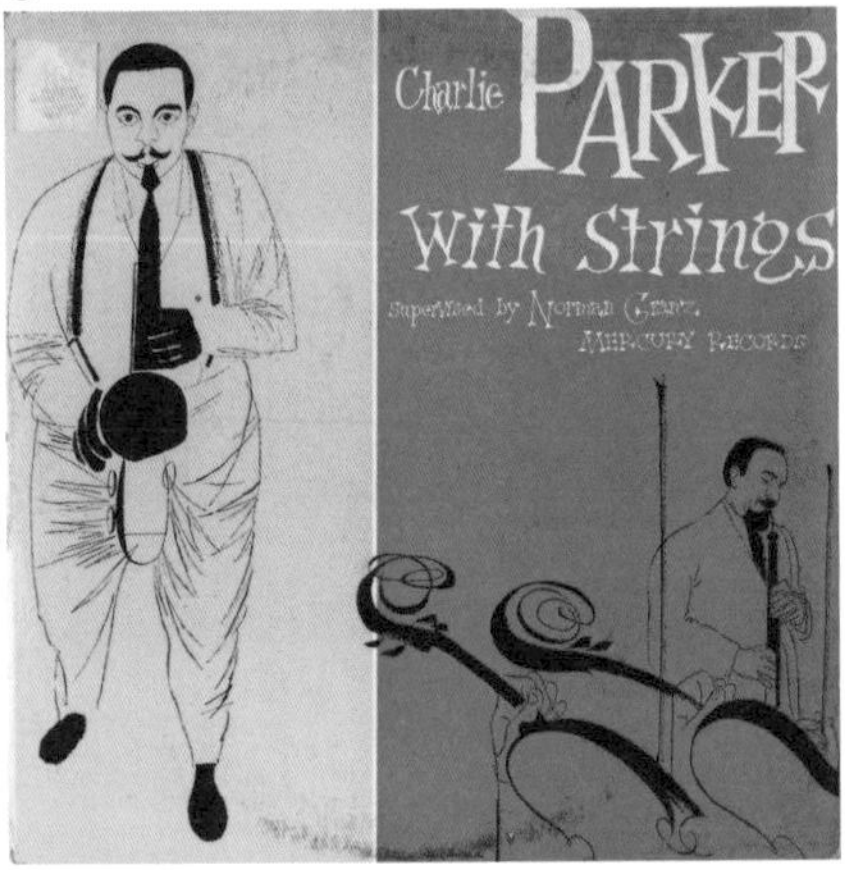

②

比も見事だ。文句のつけようがない。ＤＳＭの最高傑作のひとつと言ってしまって間違いないだろう。

⑤はマチートがリーダーの盤だが、フリップ・フィリップスのテナーと、パーカーのアルトが大々的にフィーチャーされている。なかなか素敵なジャケットだが、これは公式にはＤＳＭのデザインではなく、実際ジャケットにはDauber という署名がある。エリザベス・ドウバーのことだが、ドウバー女史はしばしばＤＳＭの依頼を受けて、彼に似せた画風のイラストをクレフ・レコードのために描いた。全体のアイデアをＤＳＭが提供し、それを彼女が絵にしたものと推測される。そしてＤＳＭがデザインの最終チェックをおこなった。要するに二人の共同作業ということだ。おそらく依頼される仕事が多すぎて、ＤＳＭ一人では捌《さば》ききれなかったのだろう。だからここではＤＳＭの仕事のひとつとして取り上げさせていただいた。同じような成り立ちのものは他に何枚かある。このレコード、音楽的には、新しいイディオムを常に貪欲《どんよく》に模索し続けていたパーカーが、ラテン（アフロ・キューバン）音楽から多くのヒントを得ようとしていたことを示している。現代の耳で聴

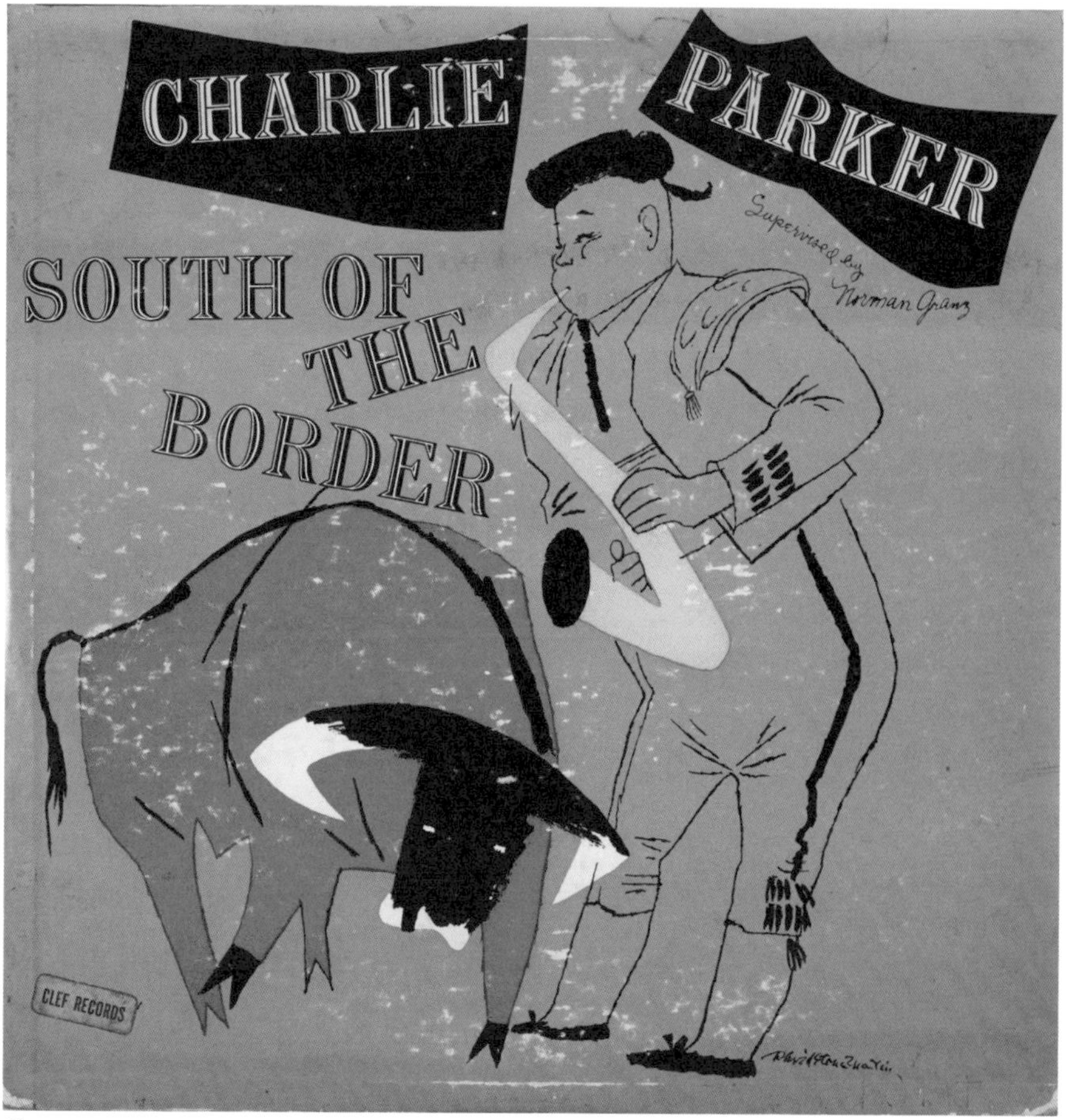
CHARLIE
PARKER
Supervised by
Norman Granz
SOUTH OF
THE
BORDER
CLEF RECORDS
③

くとそれほど刺激的な音楽とも思えないが。
⑥のジャケットのタイトルは“Big Band”となっているが、これはクレフの10インチ盤（MGC-609）のジャケットを流用しただけで、中身は１９５２年から53年にかけてのグランツ主催の各種セッションを寄せ集めたもの。フランス編集。電線に大きな鳥が一羽と、小さな鳥が何羽かとまっている。大きな鳥はパーカーのつもりなのだろう。

⑤

⑥

ジョニー・ホッジズ

（アルト・サックス）

Johnny Hodges

① Dance Bash	Norgran MGN-1024
② Collates（10″）	Mercury MGC-111
③ Collates no.2（10″）	Clef MGC-128
④ Creamy（国内盤）	Norgran MGN-1045（日 Poly.POJJ-1505）

ジョニー・ホッジズは１９０７年の生まれ。キャリアのほとんどをデューク・エリントン楽団のソリストとして過ごした。ホッジズといえばエリントン、エリントンといえばホッジズというくらいの密着ぶりだ。クレフ／ノーグラン、ヴァーヴにも数多くのリーダー・アルバムを残しているが、僕が昔から変わらず愛聴しているのはエリントンと組んだスモール・コンボでの演奏「バック・トゥー・バック」と「サイド・バイ・サイド」の二枚（世界は実に心地よくスイングする）、そしてアール・ハインズと組んだ「ストライド・ライト」だ。

エリントン抜きのエリントニアンたちとの演奏は、正直言ってそれほど面白くない。ホッジズさんは親分抜きで、いつもの仲間と気持ちよく演奏しているのだろうが、結果的に「だいたいいつも同じ感じ」になってしまうのだ。ホッジズにはもっと大胆に、意欲的に他流試合をしてもらいたかったという思いがある。それだけの実力を具《そな》えていた人なのだから、エリントン引力圏から離れ、もっと外気を積極的に取り入れてもよかったのではないか。しかしきっとこの人には、エリントンの空気が身体の芯まで染みこんでいたんだろうな。まあ、それはそれで素敵なことなんだけど。

①の「ダンス・バッシュ」も、ハロルド・ベイカー（トランペット）とローレンス・ブラウン（トロンボーン）といったエリントン楽団の仲間を起用したセプテットの演奏で、音楽としての質は高いし、ホッジズも快調に飛ばしているのだが、どうしてもぬるま湯的な印象は拭《ぬぐ》い去れない。アルバムの最後の二曲にアル・ヒブラーの歌唱が入っているが、これはおそらくシングル・ヒットを狙ったＥＰ用のものだろう。しかし大胆な線で描かれたレコード・ジャケットは文句なしに素敵だ。「いかにもジョニー・ホッジズ」という苦み走った顔つき、自信満々のふんぞり返り方、そして足もとにはしっかり人参が一本置かれている。もちろんホッジズのニックネーム「ラビット」にひっかけたものだ。

②の「コレイツ」のジャケットはウサギ満載だ。ここでＤＳＭはここを先途《せんど》とウサギを描きまくっている。いったい全部で何匹いるだろう？ 耳と尻尾が赤と青と黄色と黒に描き分けられていて、とてもカラフルだ。演奏のメンバーはローレンス・ブラウン、アル・シアーズ、ビリー・ストレイホーンといったいつものエリントン関係者ばかりだ。全員が

①

②

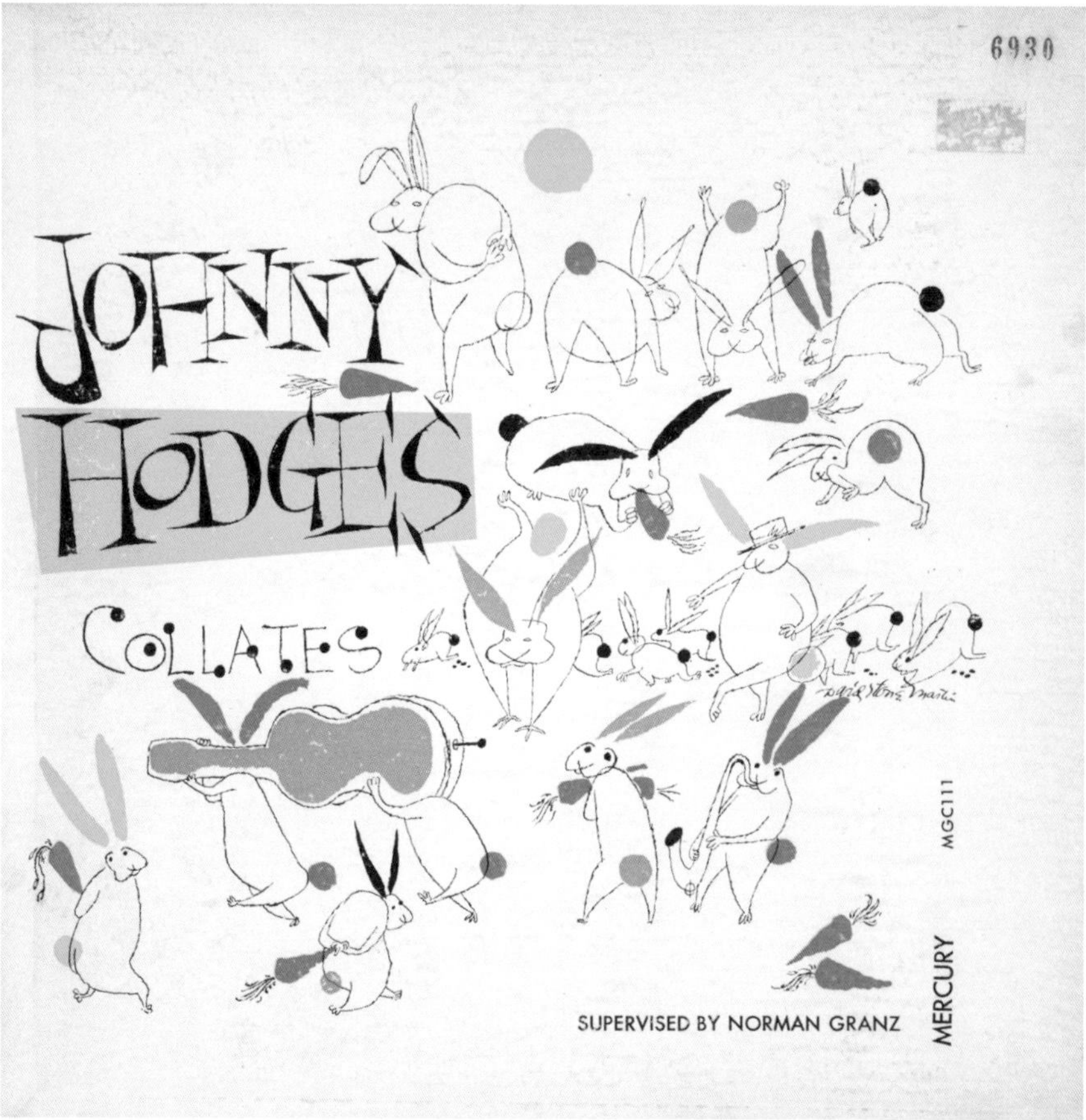
6930
JOHNNY HODGES
COLLATES
MGC111
SUPERVISED BY NORMAN GRANZ
MERCURY

JOHNNY HODGES
COLLATES NO. 2
SUPERVISED BY NORMAN GRANZ
CLEF RECORDS

③

腕利きのミュージシャンで、出来上がった音楽はとても質が高いのだが、全体的に見て、前にも述べたようにやはりいささか刺激に欠ける。ちなみにウサギは全部で二十二匹いました。ニンジンは九本。一匹はテナーサックスを吹いている。

③ＥＰで出した演奏を10インチ盤に集めた「コレイツ」シリーズ第二弾。演奏もいいけど、なんといってもジャケットの絵が秀逸だ。豪雨に見舞われて逃げ惑う人々。強風で傘がひっくり返っている。ベースを担いだミュージシャンもずぶ濡れで気の毒だ。なぜかインディアンの酋長もいる（この人は悠然《ゆうぜん》としている）。それからもちろんウサギたちも。

④は１９５５年の録音。オクテットの演奏だが、メンバーは全員生粋《きっすい》のエリントニアンだ。このエリントニアンたちが一人ひとりソロをとって腕を競い合う「バラード・メドレー」はいかにもグランツらしい企画だが、全員が実力派のミュージシャンだけにしっかり興味深く聴かせてくれる。そしてなんといっても素晴らしいのは最後に出てくるホッジズ御大《おんたい》の演奏する「パッション・フラワー（またの名を「パッション」）」で、これはまさにうっとり聴き惚れてしまう。ちなみにこのジャケットにはウサギは一匹も描かれていない。緑と赤とクリーム色は、ＤＳＭとしては珍しい組み合わせかもしれない。

④

イリノイ・ジャケー

（テナー・サックス）

Illinois Jacquet

①	Collates no.2（10″）	Clef MGC-129
②	Port of Rico	Verve MGV-8085
③	“The Kid” and “The Brute”	Clef MGC-680
④	And His Orchestra（国内盤）	Clef MGC-676（日 Poly.POJJ-1507）
⑤	Groovin’（国内盤）	Clef MGC-702（日 Poly.POJJ-1610）

黒人テナー・サックス奏者、イリノイ・ジャケーのファンだという人に僕はこれまで出会ったことがないし、おそらくこれからも出会うことはないような気がする。何枚かの彼のレコードを所有しているが、ターンテーブルに載せることはほとんどない（だったらなぜそんなものを持っているのか、と言われそうだけど）。

イリノイ・ジャケーは時として、イリノイ・ジャケットとも表記されるが、どちらが正しい発音なのかはわからない。１９２２年にルイジアナ州ブルサードで生まれ（なぜイリノイという名前をつけられたのかも不明。本名はジャン・バプティスト・ジャケー）、２００４年に亡くなっている。１９４０年代の初期にライオネル・ハンプトン楽団で「フライング・ホーム」のソロをとって、それが大ヒットし、名をあげた。ノーマン・グランツはフリーランスになった彼をＪＡＴＰのコンサートにしばしば登用し、彼の得意とするフリーキーなブローは「まるで汽笛《きてき》のようだ」と批評家に揶揄《やゆ》されたが、当時の一般聴

①
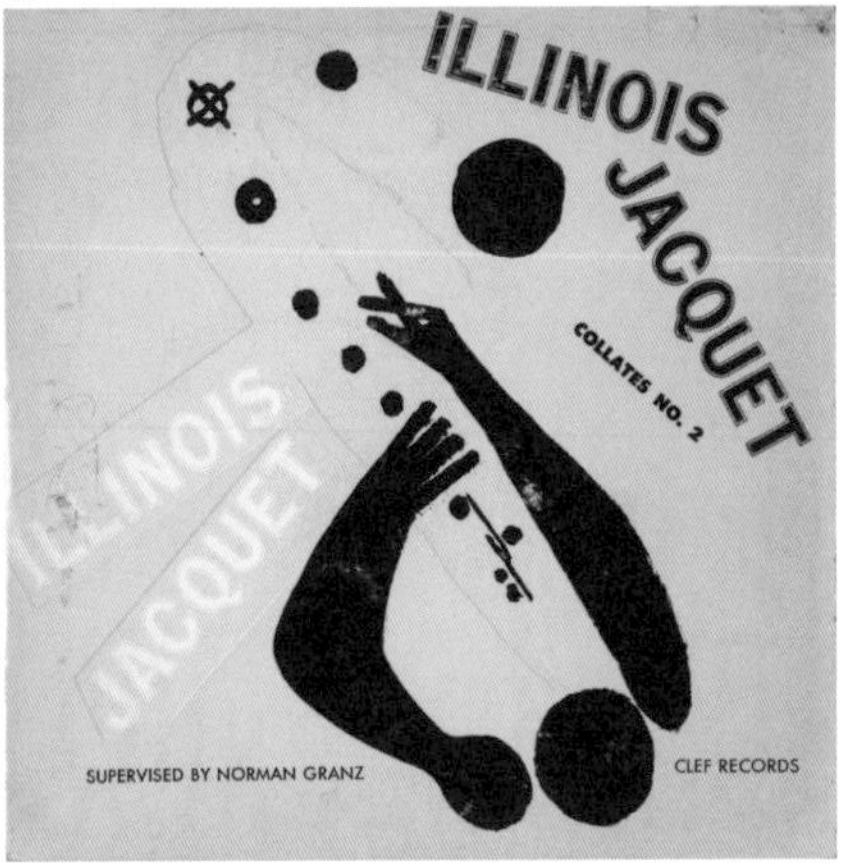

②
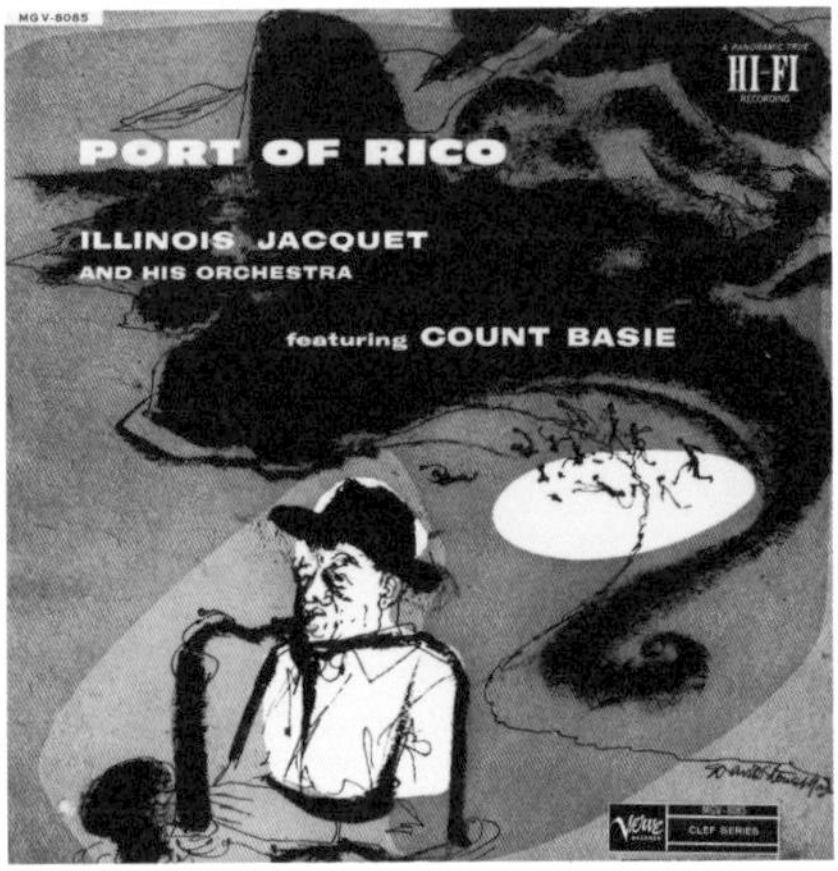

衆には大受けした。

しかし彼のそのようなスタイルは次第に時代遅れになり、それからも現役ミュージシャンとして長く活動を続けたが、残念ながら後期の演奏に見るべきものはあまりない。僕がよく覚えているのは、ジョニー・ハートマンがインパルス(Impulse) から出したアルバム "I Just Dropped by to Say Hello" に入っているジャケーのソロだ。ハートマンのしっとりとした甘い歌唱のあとに入ってくる（というか乱入してくる）ジャケーの「汽笛」ソロは、聴くたびに椅子から滑《すべ》り落ちそうになる。

①の「コレイツ」は1953年に録音されたもので、二つのセッションが片面ずつ収められている。とくにA面ではカウント・ベイシーがオルガンを弾いており、これが聴きものになっている。ベイシーのオルガンに、ハンク・ジョーンズのピアノとレイ・ブラウンのベースという組み合わせには心をそそられるし、また全体の出来も楽しめるものになっている。ジャケーの演奏もベイシー親分に遠慮してか、品良く抑制されている。どの曲も3分以内に収められているが、そのへんの潔《いさぎよ》さも心地よいかもしれない。こ

③

の10インチ盤のジャケットは、いかにもDSMらしい素敵なデザインだが、なぜかDSMのサインは入っていない。しかしこの大胆な構図はどう見てもDSMのものであり、（あくまで推測だが）前述したエリザベス・ドウバー女史との共同作業と考えて良いのではないか。

③にはイリノイ・ジャケーとベン・ウェブスター、重量級テナーの共演が二曲収められている。「キ

ッド」はジャケーのニックネーム。ウェブスターが「よう、キッド」と呼び始めたのが起源だと言われている。一方の「ブルート（野獣）」はウェブスターの頑丈《がんじょう》で荒々しい体つきを見て、デューク・エリントンがつけたあだ名だ。もっともウェブスターは温厚な性格で、その強大な力を実際に行使することは——よほど泥酔したとき以外には——まずなかったようだが。

二人のソロは簡単に聴きわけられる。ウェブスターのソロは穏やかで滑らか、それに比べてジャケーのソロはいくぶん硬質で鼻息が荒い。どちらが魅力的かと言われれば、やはりウェブスターの方だ。ジャケーも健闘しているのだが、今の時点で聴くと、そのスタイルの古さが目立ってしまう。それに比べるとウェブスターの演奏には時代を超える普遍性のようなものが具わっている。ちなみに二人が演奏している二曲は、どちらもジャケーの作曲したオリジナル曲。残りの四トラックはジャケーの自己バンドによる演奏で、トロンボーンのマシュー・ジー、バリトン・サックスのレオ・パーカーを配しているが、とくに興味を惹かれる内容ではない。

④は1955年にロサンジェルスで吹き込まれたもの。共演するミュージシャンも西海岸在住の人たちで、興味深い顔合わせになっている。カール・パーキンズ（ピアノ）、ジェラルド・ウィギンズ（オルガン）、カーティス・カウンス（ベース）を中心とするリズム・セクションに、ベイシー時代のジャケーの同僚ハリー・エディソンが加わる。いかにも西海岸らしい洒脱なサウンドをバックに、普段とはひと味違う軽快なプレイを繰り広げる。ジャケーがエディソンと共作した「クール・ビル」がベスト・トラック。

⑤は半分がハンク・ジョーンズ、ジーン・レミー、アート・ブレイキーを含むクインテット、あとが兄のラッセル・ジャケー、セシル・ペインを含むセプテットの演奏になっているが、前者の方が圧倒的に聴き応えがある。個人的な好みは別にして、その男性的な野太いサウンドにはそれなりの説得力がある。イリノイのオリジナル「ウィアリー・ブルーズ」がなかなかグルーヴィーで、かっこいいです。

④

⑤

スタン・ゲッツ

（テナー・サックス）

Stan Getz

① Stan Getz Plays（10″）	Clef MGC-137
② At the Shrine（2LP box）	Norgran MGN-2000-2
③ Hamp and Getz	Verve MGV-8128
④ West Coast Jazz	Norgran MGN-1032

考えてみればグランツ傘下のミュージシャンは圧倒的に黒人が多い。白人ミュージシャンは指折って数えるほどしかいない。これはグランツ個人の好みもあるだろうし、世の中から黒人差別を撤廃したいという強い信念に負うところも多いだろう。それでも白人テナーの雄《ゆう》、スタン・ゲッツはクレフ／ノーグラン・レコードの輝けるスターであり、彼が麻薬が原因で狂言強盗をやらかし、警察に逮捕され、逃げるようにアメリカを離れ、ヨーロッパに移住したあとでも、グランツは辛抱強くゲッツを使い続けた。やがて帰国したゲッツはボサノヴァで大ヒットを飛ばすのだが、そのときにはグランツは既にレコード会社経営から手を引いていた。

アニタ・オデイは興味深いその自叙伝の中で「クレフは要するに最初から麻薬中毒患者に支えられたレコード会社であり、グランツはそのことをうまく利用していた」みたいなことを書いていたが、スタン・ゲッツは間違いなくその強い「支え手」の一人であった。

①

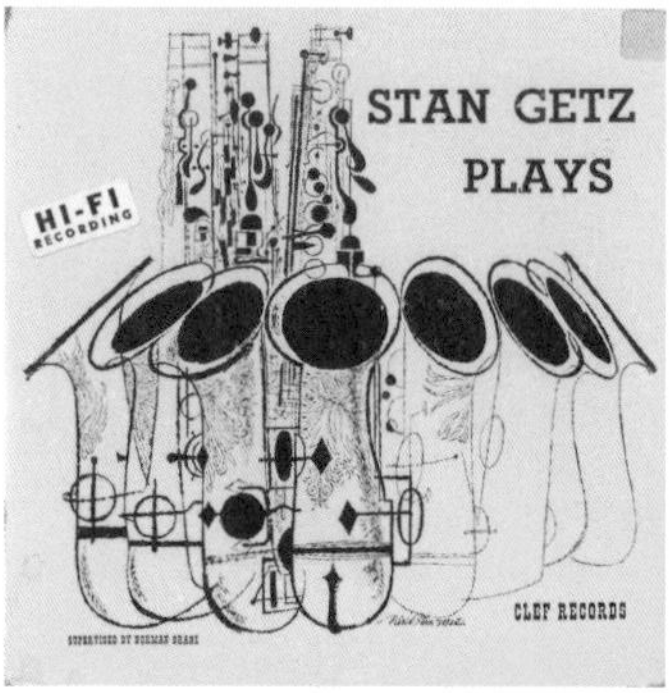

①はゲッツがグランツのためにおこなった最初のセッションであり、手慣らしとして、よく知られたスタンダード曲を中心に取り上げ、あくまでさらりと演奏している。しかしこの「さらり感」がたまらなくグッとくるのだ。デューク・ジョーダン（ピアノ）とジミー・レイニー（ギター）を中心に据えたリズム・セクションは、グランツがＳＰ市場を意識していたこともあり、ソロをとるだけのスペースをほとんど与えられておらず、それがいくぶん物足りなさを感じさせるものの、そんなことはどこ吹く風と、心の赴くままゲッツは独自の世界を構築していく。小品だが愛すべきアルバムだ。

②はゲッツにとって、クレフ／ノーグランに移籍して以来初めてのライブ録音。１９５４年11月８日、刑務所を出所してからまもない復帰コンサートだ。聴衆もそのことを承知していて、

②

彼のステージへの登場を大歓声で迎える。七千人の聴衆を前にした緊張のせいか、初めのうちはどことなく遠慮がちなところが見受けられるが、次第に気持ちがほぐれ、おなじみのゲッツ節が流れ出し、聴衆の心をしっかり捉えていく。ただ、共演するボブ・ブルクマイヤーのヴァルヴ・トロンボーン・ソロが、ところどころで野暮ったく聞こえるのが難点といえば難点だ。ゲッツはブルクマイヤーを高く評価していたようだが、僕はこの人のいかにも理の勝った演奏ぶりが今ひとつ好きになれない。にもかかわらず、この二枚組LP「アット・ザ・シュライン」は間違いなく、ゲッツの代表作のひとつにあげられるだろう。ライブでのゲッツの演奏には、聴くものの心を揺さぶる自然で率直なパワーが具わっており、それがすべてのものごとを凌駕《りょうが》していく。DSMの描く、寒色と暖色に塗り分けられたゲッツの姿は、彼の音楽に同時存在するクールな側面とホットな側面を、そのまま象徴しているようにも見える。

③はヴィブラフォン奏者ライオネル・ハンプトンとの競演。グランツは数多くの手持ちのミュージシャンをほとんど「順列組み合わせ」的に組み合わせて録音をおこなったみたいだが、意外な組み合わせがホットな結果を生むことが多く、そのへんの目付の確かさは「さすが」と

③

感心させられる。ゲッツとハンプトンの顔合わせもそんな意外な成功例のひとつで、二人は真っ向勝負のホットなプレイを繰り広げる。そしてその演奏の質はとても高い。ゲッツも本気、ハンプも本気だ。ジャケットの絵も秀逸だ。にこやかに帽子をあげて挨拶する二人。

④裸足《はだし》で立つ男の後ろ姿（下半身のみ）。とても印象的なジャケットだ。僕はこの絵をDSMのベスト作品のひとつに選びたい。この録音は「ハンプ・アンド・ゲッツ」と同時期に、同じロサンジェルスで行われた。ゲッツが映画「ベニー・グッドマン物語」に出演するためにハリウッドに滞在していることを知ったグランツが西海岸に出張してきて、現地の一流ミュージシャンをかき集め、マラソン録音をおこなったのだ。ウェスト・コーストのミュージシャンたちとの交流は、ゲッツにとって気楽なものだったようで、とてもリラックスした演奏を繰り広げている。東海岸におけるような鋭い果たし合い的要素は、ここではほとんど見受けられない。

④

レスター・ヤング

（テナー・サックス）

Lester Young

① With the Oscar Peterson Trio #1（10″） Norgran MGN-5
② Collates（10″） Mercury MGC-108
③ Collates #2（10″） Mercury MGC-124
④ Pres and Sweets（国内盤） Norgran MGN-1043（日 Poly.POJJ-1501）
⑤ The President Norgran MGN-1005

レスター・ヤングもノーマン・グランツが我慢強く面倒を見続けたミュージシャンの一人だ。正直言って晩年のレスターは力が衰え、痛々しいような録音を少なからず残しているが、グランツは――ビリー・ホリデイの場合と同じように――しっかりその様子を最後まで看取っている。そこまでやらなくとも……と思うと同時に、残った気力を振り絞って楽器を取るレスターの姿に心を打たれもする。

ここにあげた五枚の音盤では、多少のばらつきはあるにせよ、その力をまだ十分発揮できていた時代のレスターの演奏ぶりが楽しめる。とくに「ウィズ・オスカー・ピーターソン・トリオ」①は昔から変わらず僕の愛聴盤だ。僕はこの時期のレスターの吹き込みの中では、この盤と、それから「プレス・アンド・テディー」「ジャズ・ジャイアンツ1956」の三枚がとりわけ素晴らしいと思っている。こういうの、まさに大人のためのジャズです。

以前から不思議に思っているのだが、「ウィズ・オスカー・ピーターソン・トリオ＃1」①-1、2

①-1

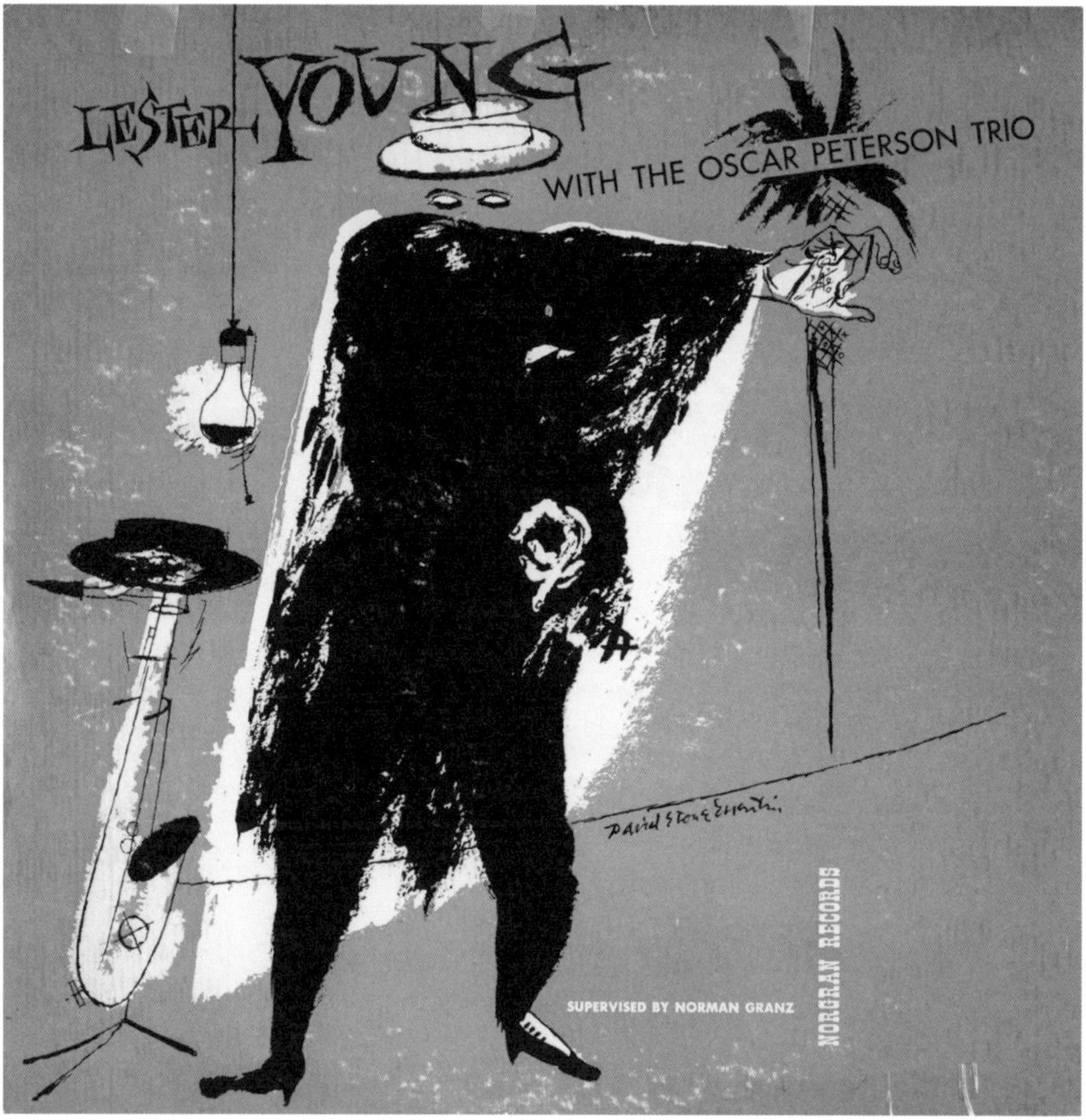
LESTER YOUNG
WITH THE OSCAR PETERSON TRIO
SUPERVISED BY NORMAN GRANZ
NORGRAN RECORDS

LESTER YOUNG
COLLATES
NO. 2

③

①-2

LESTER YOUNG
WITH THE OSCAR PETERSON TRIO
#1
HI-FI
RECORDING

と「コレイツ#2」③の両10インチ盤が同じデザイン（色違い）になっており、その一方で「コレイツ#1（番号は振られていないが）」②はまったく違うデザインのジャケットになっている。どれもDSMの署名が入っている。どうしてそんなややこしいことになったのだろう？　また「ウィズ・オスカー・ピーターソン・トリオ#1」にはジャケットに「#1」が入ったものと入っていないものの二種類がある（レコード番号は同じ）。この時期のクレフ／ノーグランはマーキュリー・レコードの販売網から離脱し、そこで何かと混乱があったのではと推察される。

　いずれにせよ、この右手に剣（らしきもの）を持ったドン・ジョバンニ風のレスターの姿はなかなか魅力的だ。しかしなぜレスター・ヤングを騎士に見立てるのか、その理由はわからない。レスターは終始平和と安穏《あんのん》を好む、傷つきやすい性格の人だったから、そんな人に剣をもたせてもなあ……という疑問は残る。しかしおそらくDSMにはそれなりの思いがあったのだろう。レスター・ヤングは彼にとって永遠の輝かしいヒーローだったのかもしれない。

　②「コレイツ（#1）」ではDSMは珍しく写真を用いている。そしてそのポートレイトのまわりにペン画で植物を装飾的にあしらってい

②

る。しかし左下に出てくるウサギは謎だ（顔は描かれていないが、たぶんウサギだろう）。なぜウサギなのか？　ウサギはそこに描かれた草を食べに来たのか、それともレスターの奏でる音色に惹かれてやってきたのか？　あるいはジョニー・「ラビット」・ホッジズがこっそり様子をうかがいに来たのか？

④はカウント・ベイシー時代の同僚のトランペッター、ハリー・「スウィーツ」・エディソンとの共演盤だ。録音は１９５５年（Norgran MGN-1043）。リズム・セクションはオスカー・ピーターソンのトリオ（ハーブ・エリスがギター）にバディー・リッチが加わる。ちなみにエディソンに「スウィーツ」というあだ名をつけたのはレスター・ヤングだ。もちろんその甘いスムーズな音色を表現しているわけだが、その奥に潜むダークで辛辣《しんらつ》な一面を皮肉ってもいる、ということだ。レスターは人にあだ名をつけることに関しては名人だった。

プレス（レスター・ヤングの愛称）とスウィーツは相性も良さそうだし、魅力的な組み合わせだが、残念ながらこの日のセッションでは二人は本調子ではないというか、いくぶん力を落としているようにも聞こえる。どちらもソロに今ひとつ切れ味がなく、どことなく間延びして聞こえる。ぴったりと正しい言葉をうまく探し

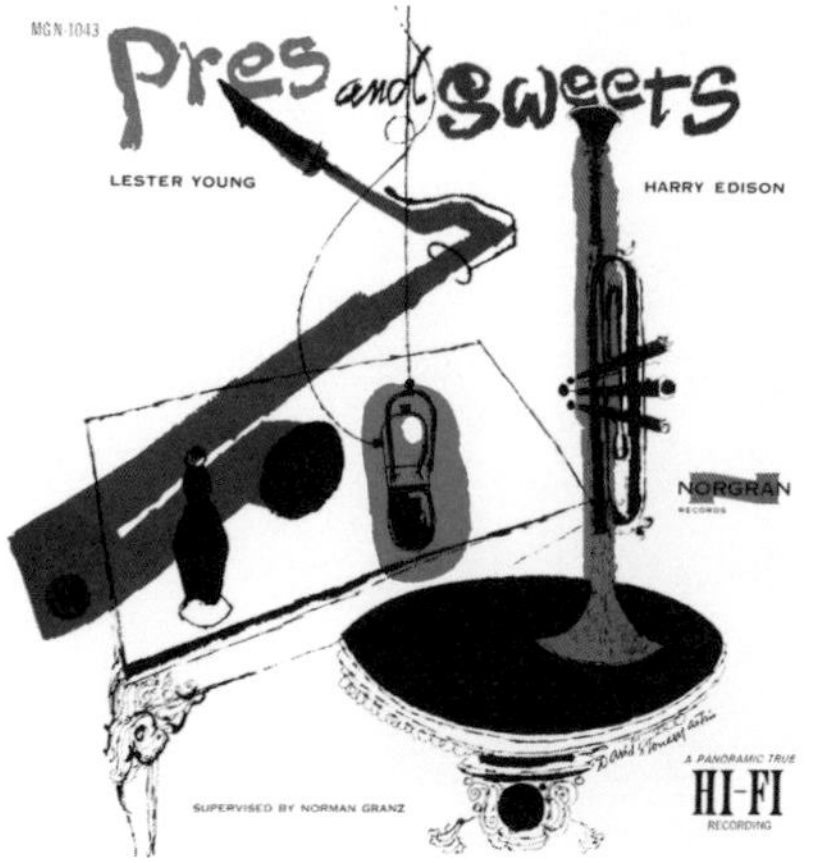

④

当てられない小説家のように。「ねえ、本当はこんなものじゃないでしょ」と思わず背中を後押ししたくなる。

ただベイシー時代のお馴染みのナンバー「ワン・オクロック・ジャンプ」では二人は息を吹き返し、ノリがぐっと良くなる。まるで何かの拍子に大事なことを思い出した人のように。とくにエディソンが良い。バディー・リッチの熱いドラミングもご機嫌だ。
⑤のポークパイ・ハット、そして横向けにされて吹かれるテナー・サックスは、レスター・ヤングのトレード・マークみたいなものだった。この12インチ・アルバムには、1950年から52年にかけておこなわれた四つのセッションから選ばれた十曲が収められており、レスターはオスカー・ピーターソン・カルテット、あるいはジョン・ルイスのバンドをバックに「歌もの」を中心にすらすらと吹いている。
絵ではテナー・サックスが赤く塗られているが、レスター・ヤングが赤いテナーを吹いた記録はない（と思う）。

⑤

フリップ・フィリップス

（テナー・サックス）

Flip Phillips

① Flip Wails（国内盤）	Clef MGC-691（日 Poly.POJJ-1556）
② Swinging with Flip	Clef MGC-692
③ Collates	Clef MGC-109
④ Flip Phillips Quartet（EP）	Clef EP-120
参考　Rock with Flip	Verve MGV-8116

フリップ・フィリップスは１９１５年生まれの白人テナー奏者で、２００１年に86歳で亡くなっている。ニックネームの「フリップ」はその迫力満点のソロで聴衆をひっくり返す（flip する）というところから来ている。

１９４０年代にウディー・ハーマン楽団（ファースト・ハードの時代）の花形ソリストとして五年にわたって活躍し名を上げた。そして独立後はノーマン・グランツ主催のＪＡＴＰコンサートに登用されて人気を博し、イリノイ・ジャケーと共に「ＪＡＴＰの顔」的な存在となった。主にレスター・ヤングの影響を受けた逸材《いつざい》だが、もともとがビッグバンドなどの集団演奏の中で特色（迫力）を発揮する人で、スモール・コンボで主役を張るだけのインプロヴァイザーとしての力量はなく、次第に飽きられていった。「この人でなくては」というセールスポイントが見当たらないのだ。そんなわけで、今ではほとんど忘れられた存在となっている。ＪＡＴＰ時代では「パーディド」における、イリノイ・ジャケーと張り合った闊達《かったつ》なソロがいちばん有名だ。今聞くとただうるさいだけみたいに思えるけど。

①はハーマン時代の同僚であるトロンボーンの名手、ビル・ハリスと組んだスモール・コンボの演奏を集めたものだ。吹き込みは１９５０／51年、どの曲もだいたい3分程度で収まっているから、おそらく当時はまだ強力だったＳＰ市場を狙ったセッションなのだろう。そのぶんまとまりはいいのだが、アルバムを聴き終えてどうしても「食い足りなさ」感が残る。もう世の中は新しい時代に足を踏み入れているのに、まだ古い上着を纏《まと》っているような。

②の「スウィンギン・ウィズ・フリップ」は看板に偽りありというか、中身はそれほどホットにスイングしてはいない。リズム・セクションはオスカー・ピーターソンのトリオ＋ドラムという豪華版なのだが、御大のフィリップスの演奏はおおむね覇気を欠いている。しかし中身はさておき、ダンスをする男女の大胆なポーズのジャケット画によって、このレコードは有名になった。ＤＳＭらしい生き生きとした線画が躍動的で素晴らしい。若いカップルはとても楽しそうにダンスに興じている。

イリノイ・ジャケーにせよ、チャーリー・ヴェンチュラにせよ、このフィリップスにせよ、時代に合わせてスイング・ジャズからバップ音楽へと折衷《せっちゅう》的に変身を図っているのだ

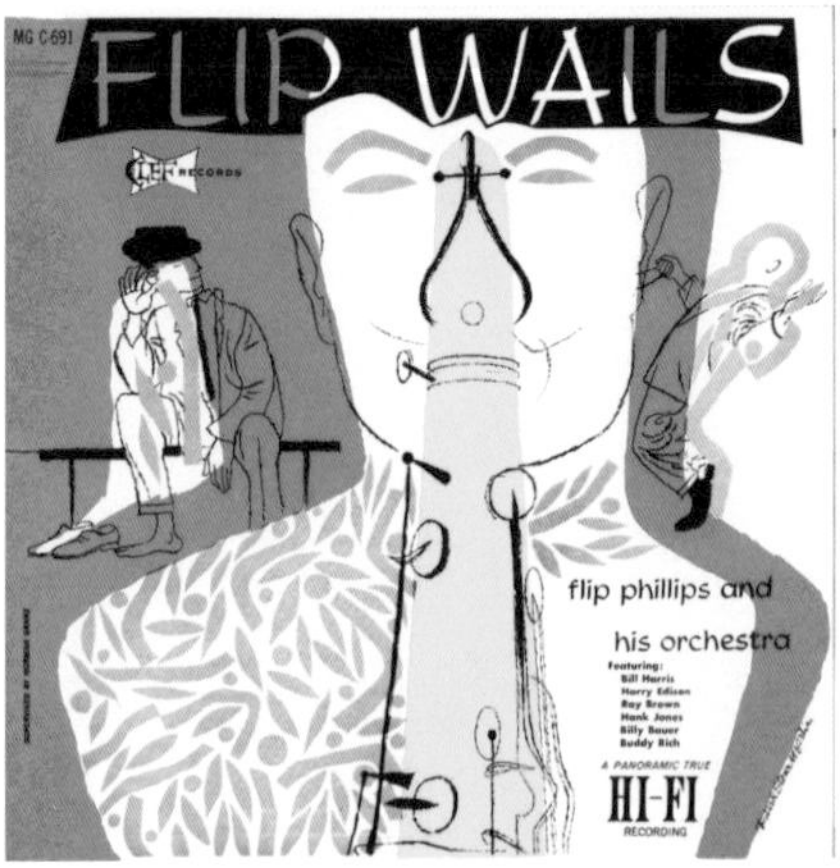

①

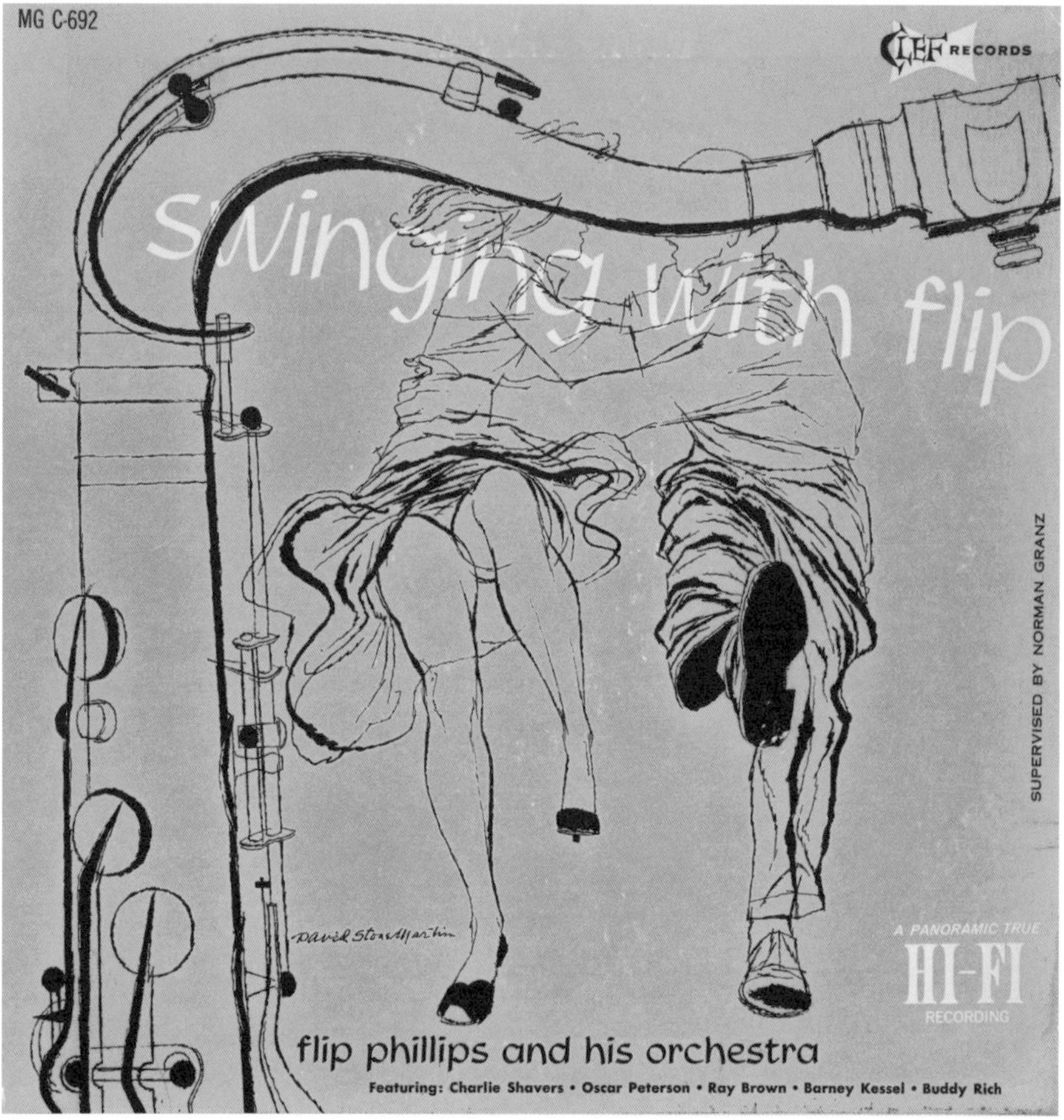
MG C-692
CLEF RECORDS
swinging with flip
SUPERVISED BY NORMAN GRANZ
A PANORAMIC TRUE
HI-FI
RECORDING
flip phillips and his orchestra
Featuring: Charlie Shavers • Oscar Peterson • Ray Brown • Barney Kessel • Buddy Rich
②

③

④

が、やはり最終的にはどっちつかずに終わってしまう。むしろベン・ウェブスターやコールマン・ホーキンズやベニー・カーターのように、途中で「もういいや」とあっさり開き直って、いわゆる「中間派」スタイルに落ち着いた人たちが無事に生き残って、それなりに優れた録音も残している。

①のレコードのジャケット、テナー・サックスを吹くフィリップスの左右両脇に、音楽に合わせて踊っている人と、椅子に腰を下ろしてじっと音楽を聴いている人の姿が描かれている。「楽しく踊るなり、音楽にじっくり耳を澄ませるなり、お好きにどうぞ」というＤＳＭからのメッセージなのだろう。ミュージシャンとしても、どちらに合わせればいいのか、人によっては判断に苦しむところだろう。そういうむずかしい時代だったのだ。

③は様々なセッションの演奏を寄せ集めたもの。ハワード・マギー、ベニー・グリーン、ハンク・ジョーンズといった共演陣が良い味を出している。ＤＳＭが自動車の絵を描くのは珍しいが、ここでは突如（理由はわからないが）クラシック・カーが登場する。ピアノを弾きながら運転す

るのはかなりむずかしいと思うんだけど。

④はＥＰ盤だがハンク・ジョーンズ（ピアノ）、レイ・ブラウン（ベース）、バディー・リッチ（ドラムズ）という高品質リズム・セクションをバックに、フィリップスは快調に飛ばす。そのソロは納得できるものだ。大会場でバルコニーの聴衆に向かって演奏するフィリップスの姿をＤＳＭは華麗に描くが、なぜか裸足だ。なぜ？　ひょっとして水虫？　とか考え出すとキリがないＤＳＭの世界だ。

参考 最後にひとつおまけ。このジャケットはＤＳＭのデザインではないのだが、ジュークボックスの前で踊っている男女の顔つきがあまりに素敵なので、滑り込ませてもらった。アルバム・タイトルは胡散《うさん》臭いけれど、バックはピーターソン・トリオ＋バディー・リッチ、いちおうちゃんとしたジャズです。

参考

サキソフォンいろいろ

① Ben Webster; Music for Loving; With Strings　Norgran MGN-1018
② Benny Carter; Cosmopolite　Verve MGV-8160
③ Charlie Ventura; Collates (10″)　Clef MGC-117
④ Charlie Ventura; Another Evening with Charlie Ventura & Mary Ann McCall　Norgran MGN-1013
⑤ Harry Carney; With Strings　Clef MGC-640
⑥ Don Byas; Jazz at Saint-Germain Des Prés　Verve MGV-8119
⑦ Charlie Barnet; One Night Stand #2 (EP)　Clef MGC-638

①この時期のグランツは「ウィズ・ストリングズ」ものに凝《こ》っていたが、正直言ってチャーリー・パーカー以外のものは、手間暇かけている割にそれほど成功しているとは思えない。名手ウェブスターをもってしても、「まあ、悪くはないんだけど」という程度で終わっている。アレンジはビリー・ストレイホーンとラルフ・バーンズだが、「本来うまく合わないものをむりに合わせている」という感じが拭い去れない。アルバムにはテディ・ウィルソンの入ったカルテット編成（ストリングズ抜き）で四曲がおまけのように収められており、これは素晴らしい口直しになる。DSMは内容に合わせて、ほっそりとした美しい女性

①

を仕掛けなしでさらりと描いている。
②ベニー・カーターのこのアルバムもストリングズ入りが半分以上を占めている。しかしここでのカーターの演奏は温かくチャーミングだ。彼のアルト・サックスの音色とフレージングは弦にうまく馴染む。ジャケットの似顔絵も素晴らしい。カーターさんの人柄がそのまま表れているようだ。ＤＳＭはミュージシャンと個人的に接触し、微妙な所作を観察し、その印象を絵にすることが多かった。だから絵に心がこもっている。
③のチャーリー・ヴェンチュラはスイング・ジャズ(踊れるジャズ)からビバップ(踊れないジャズ)への移行期に活躍した、ヴァーサタイルなスタイルを持つサックス奏者だ。今となっては主として歴史的な意味しか持たないかもしれないが、もともとが実力のあるプレイヤーであり、テナーとバリトンを持ち替えての、コンテ・カンドリ（トランペット）との掛け合いなんかはさすが聴かせる。絵に描かれた鍵の「１０８」という番号は、ＤＳＭが当時宿泊

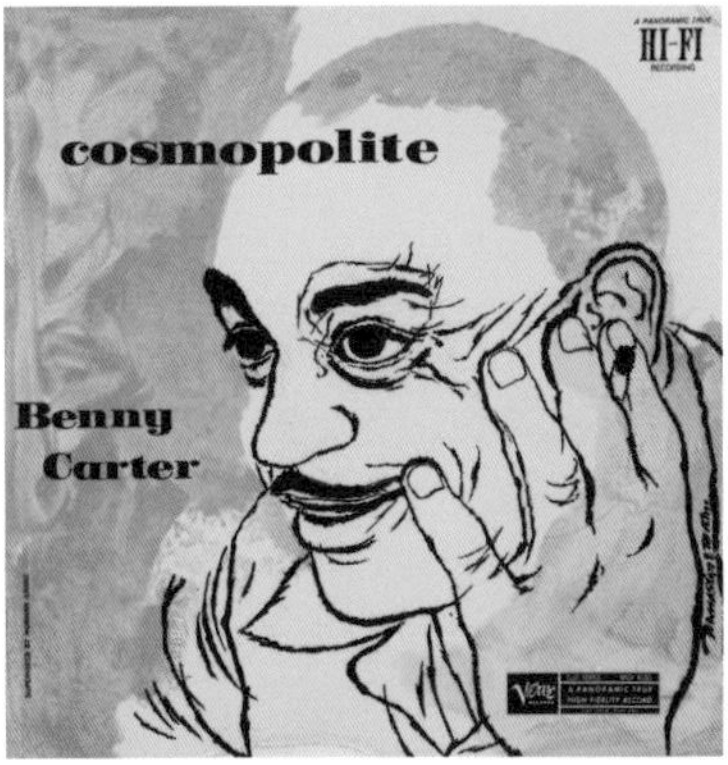

②

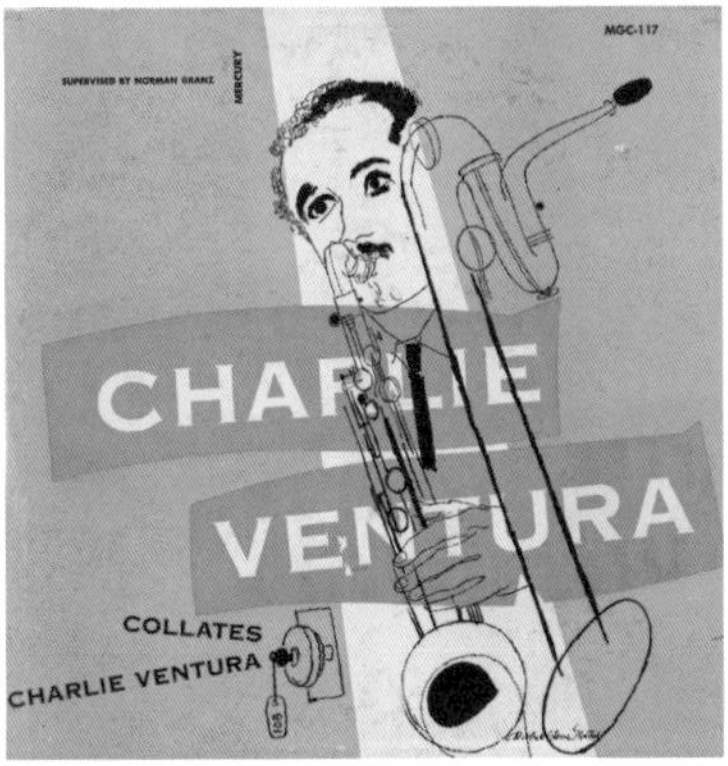

③

していたホテルの部屋のものということだ。

④はタイトルからして、「ヴォーカルいろいろ」の項で挙げた“An Evening with Mary Ann McCall and Charlie Ventura”の続編にあたるアルバムらしいが、マッコール嬢はここでは二曲しか歌っていない。このジャケットは素敵だが、「ディキシーランド・ジャズ」の項であげたサント・ペコーラのジャケットに使われた絵のそのままの流用だ。よほど気に入って再使用したのだろうか？　中身の音楽は「今となっては……」というタイプのものだが、腕利きのメンバーを集めたヴェンチュラ楽団のサウンドはさすがに練れている。

⑤ハリー・カーネイは45年の長きにわたってエリントン楽団でバリトン・サックスを受け持った生粋のエリントニアン。エリントンは移動の際には必ずカーネイの運転する車に乗ったと言われている。そのカーネイが楽団を離れてソロ・アルバムを一枚だけ作っているが、これがまたウィズ・ストリングズ。芳醇なサウンドの中でカーネイの太い美音を際立た

④

⑤

せたい、というグランツの狙いなのだろうが、しかしできあがった音楽はけっこう退屈な代物だ。いくらカーネイとはいえ、バリトン・サックスでこのセッティングは厳しい。ただしアルバム・ジャケットは魅力的だ。ローマ時代の剣士の絵が飾られている横でドアが半ば開いている。テーブルの上にバリトン・サックスが置かれている。すべては謎めいている。これから何かお話が始まりそうだ。

⑥はパリ在住のテナー・サックス奏者ドン・バイアスが１９５０年と52年に現地で吹き込んだレコード。原盤はフランスのブルー・スター（Blue Star）のようだ。１９５０年のセッションでのピアノはやはりパリ在住のアート・シモンズ。バイアスは１９４６年にパリに移住し、１９７２年に58歳で亡くなるまでヨーロッパで演奏活動を続けた。このようにアメリカでの激しい人種差別から逃れて、活動の場をヨーロッパに移す黒人ミュージシャンが多かった。ＤＳＭは、サンジェルマン・デ・プレあたりのカフェにたむろする芸術家風カップルを小粋に描いている。バイアスはコールマン・ホーキンズ派のテナーだが、演奏スタイルはこの時点ではいささか古風に響く。

⑦このチャーリー・バーネットのレコードはジャケットに惚れて買ってしまった。録音は１９５４年、ピート・カンドリ、メイナード・ファーガソン、ウ

⑥

イリー・スミスを擁《よう》した楽団の質はそれなりに高いが、演奏自体は今となってはとくに面白いものではない。しかしこのシーフード・レストランのウィンドウの風景、いいですよね。おいしそうだ。

⑦

アーティー・ショウとバディ・デフランコ

（クラリネット）

Artie Shaw and Buddy DeFranco

① Artie Shaw; Gramercy Five #2 (10″)	Clef MGC-160
② Artie Shaw; Gramercy Five #3	Clef MGC-630
③ Buddy DeFranco; The Music of (10″)	Norgran MGN-3
④ Buddy DeFranco; Pretty Moods (10″)	Norgran MGN-16
⑤ Buddy DeFranco; Quartet	Norgran MGN-1026
⑥ Buddy DeFranco and Oscar Peterson Play George Gershwin	Norgran MGN-1016

アーティー・ショウはスイング世代のクラリネット名人、バディ・デフランコはモダン派クラリネットの雄。しかし二人には通じるところがある。実際、デフランコは先輩アーティー・ショウに捧げるアルバムを出している。

①ショウはベニー・グッドマンと同じく、もともとはビッグバンドのリーダーとして有名になった人だが、クラリネット独奏者としても優れていた。グラマシー・ファイブというスモール・グループを率いて多くのレコードを出しているが、初期のものはハープシコードが入っていたりして、ジャズ・ファンの間では評判は芳《かんば》しくなかった。しかしピアノをハンク・ジョーン

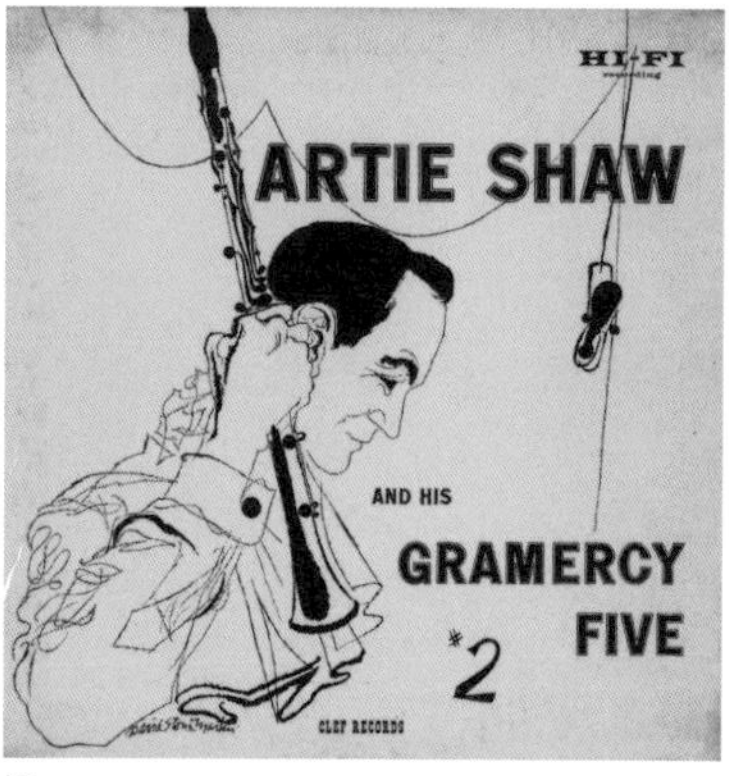

①

ズに替えてからは、落ち着きのある趣味の良いジャズ音楽になった。ショウのクラリネットは決して守旧的なものではない。ショウの評価は日本ではあまり高くないが、このあたりの演奏はもっと聴かれてもいいのではないか。まあ、ジャズ・クラリネット自体があまり聴かれなくなったという事情もあるだろうけど。ハンク・ジョーンズの他に、ギターがジョー・ピューマかタル・ファーロウ、ベースはトミー・ポッターというモダン派のミュージシャンで脇を固めている。

DSMは②のジャケットに勲章（らしきもの）が入った楽器ケースを描いている。ショウは第二次大戦中、海軍に入隊し、精力的に慰問演奏旅行を続けたが（ガダルカナルまで

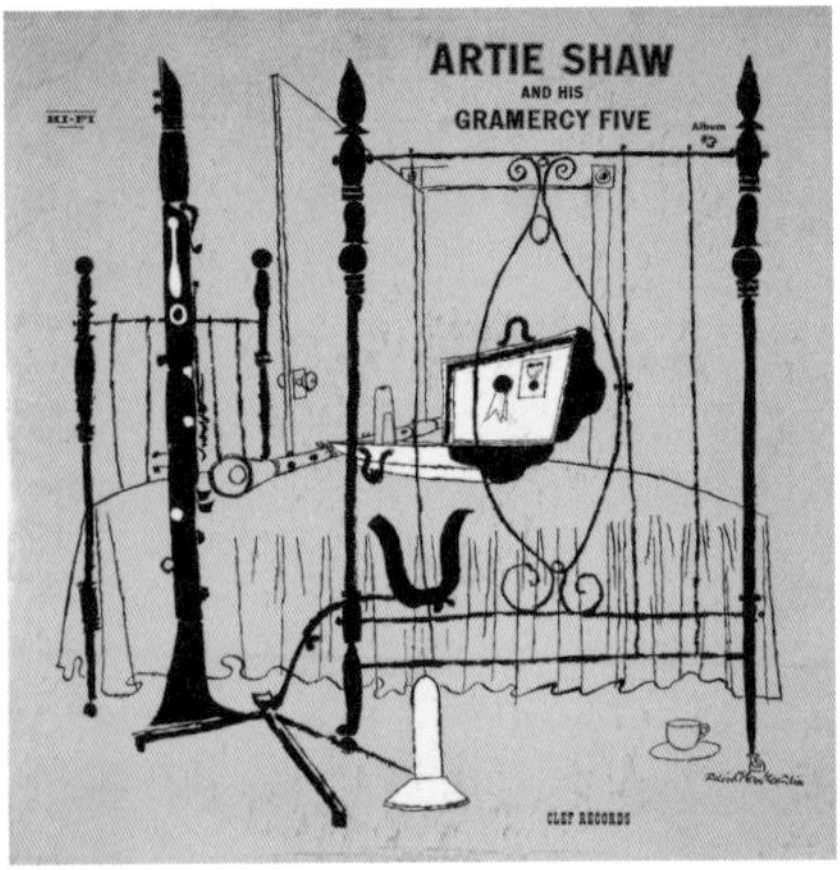

②

③

行った）、その功績によって勲章をもらったのだろうか。しかしいくらなんでも楽器ケースに勲章を入れて持ち歩きはしないだろう。

デフランコは③ではケニー・ドリュー（ピアノ）、ミルト・ヒントン（ベース）、アート・ブレイキー（ドラムズ）といったばりばりのビバップ・ミュージシャンたちと共演し、闊達でモダンなクラリネット・ソロを繰り広げる。前に出ていく鋭さと、一歩後ろに身を引く優しさがうまく入り混じった、独特のデフランコ・スタイルだ。グランツはよほどデフランコが気に入っていたのか、ずいぶん数多くの彼のリーダー・アルバムを出している。またアート・テイタムやライオネル・ハンプトンといった巨匠たちとも共演させている（そして好ましい結果を残している）。しかしさすがにＪＡＴＰにはあまり呼ばなかったようだ。イリノイ・ジャケーやフリップ・フィリップスといったブロウ派テナーとステージで張り合うには、クラリネットはやはり音が繊細すぎる。③のジャケットはクラリネットが五本並んでいる。これはまあ普通だが、電球のソケットが天井から二個下がっていて、そのうちの一個は電球が入っていない。どうしてだろう？　たぶんとくに意味はないと思うのだが。

④のジャケットは、とある楽器店の前にたたずむ中年男の姿が描かれている。男はたぶんミュージシャンなのだろう、小さな楽器ケースを小脇に抱えている。ウィンドウの中にはクラリネットが四本。その隣にはディケンズの小説に出てきそうな、不気味な黒服の男が立っている。何を考え、何を狙っているのか。ここでも何か奇妙な物語が始まりそうだ。デフランコはここでは若きソニー・クラーク（ピアノ）のトリオをバックに、のびのびと

④
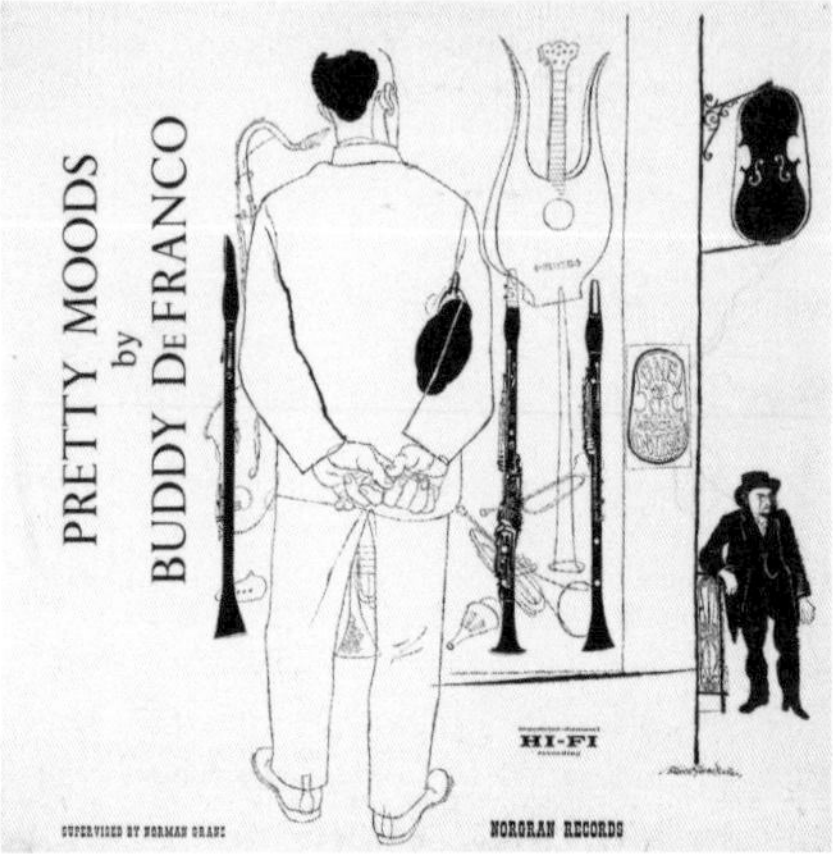

⑤
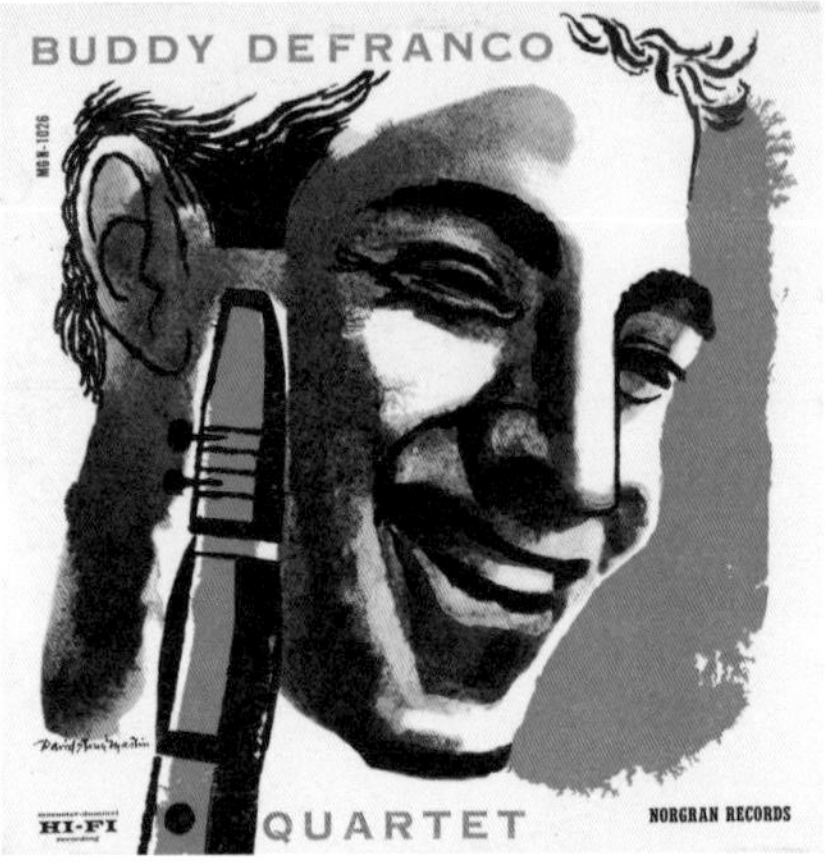

楽器を吹いている。このへんのグランツの人選も「そうくるか」と感心させられる。

⑤のジャケットにはデフランコの大きな似顔絵が描かれている。シンプルで大胆なライン、自然な表情の動き。ジャケットの絵を見ているだけで、音楽を奏でることの喜びみたいなのがじわっと伝わってくる。メンバーは③と同じだが、デフランコが二曲、ドリューが二曲、それぞれオリジナルを提供している。デフランコはまだ30歳になったばかり、ケニー・ドリューは二十代半ば、若々しい意欲あふれるアルバムだ。

⑥クラリネットを吹くデフランコ、ピアノを弾くピーターソン、額縁に入ったジョージ・ガーシュウィン、三人の姿が赤青黄の三色で描かれている。とてもチャーミングな絵だ。デフランコが手にしているのは楽器というより、黒いねじりドーナッツみたいにしか見えないけど。ストリングズ・オーケストラが背後に控えているが、デフランコ、ピーターソン共に演奏に隙《すき》がなく、単なるムード音楽に流れないところが素晴らしい。

HI-FI
NORGRAN RECORDS
BUDDY DE FRANCO
AND
OSCAR PETERSON
PLAY
GEORGE GERSHWIN
ORCHESTRA CONDUCTED BY RUSS GARCIA
SUPERVISED BY NORMAN GRANZ

⑥

トロンボーンいろいろ

① Lawrence Brown; Slide Trombone（国内盤）
Clef MGC-682（日 Poly.POJJ-1506）

② Bill Harris; Collates（10″） Clef MGC-125

③ Bob Brookmeyer; Plays Bob Brookmeyer and Some Others
Clef MGC-644

グランツ傘下のミュージシャンは数多いが、トロンボーン奏者が手薄《てうす》であったことは明らかだ。ローレンス・ブラウンとビル・ハリスは旧世代に属する人たちだし、ブルクマイヤーは歳こそ若いが「新保守主義」みたいな雰囲気を持つ人だし、クレフ／ノーグラン・レーベルで、勢いのあるモダン派のトロンボーン奏者の演奏を耳にすることはできない。グランツはＪＡＴＰなんかではしばしばＪ・Ｊ・ジョンソンを起用していたのだが。

①ローレンス・ブラウンは長年にわたってエリントン楽団に所属し、リード・トロンボーンを受け持っていた人で、フレージングはいくぶんもそっとしているものの、アタックはしっかり力強い。1955年の録音。録音デートは二つに分かれているが（クインテットとノネット）、それぞれのセッションの共演者にサム・テイラーやアル・コーンといったエリントニアンではないミュージシャンを起用したことで、音楽に新鮮な勢いが出ている。とくにサム・テイラーはあの「ハーレム・ノクターン」の人

とは思えない、生きの良いソロを聴かせてくれる。二つのセッションを比べると、アレンジメント（ラルフ・バーンズ）の入っていないクインテット編成の方が明らかに面白い。

DSMは「スライド・トロンボーン」というアルバム・タイトルにふさわしく、スライドをいっぱいに伸ばしたブラウンの姿を大胆に頭上から描いている。この人は楽器の姿を描くのが好きだったのだなとあらためて思う。

②ビル・ハリスのアルバム・ジャケットには、トロンボーンとクラリネットとバンジョーとウッドベースが描かれている（ちなみに演奏にはバンジョーは用いられていない）。おまけにローラー・スケートまで壁にぶらさがっている（まさか物静かで温厚な紳士として知られるビル・ハリスが、ローラー・スケート愛好者だったとは思えないのだが）。

この録音セッションは1952年に二度に分けておこなわれている。どちらもビッグバンドに近い編成で、ピアノとアレンジメントはウディー・ハーマ

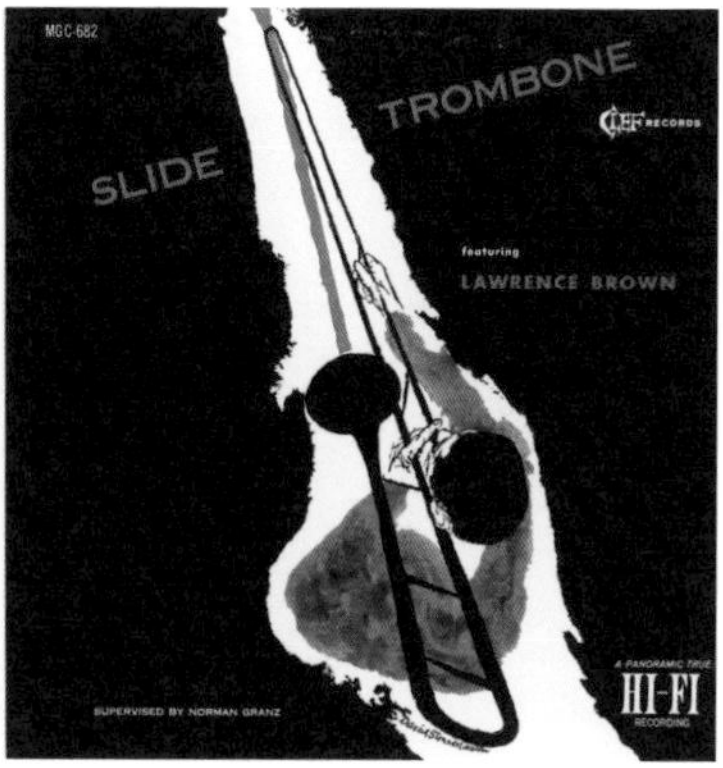

①

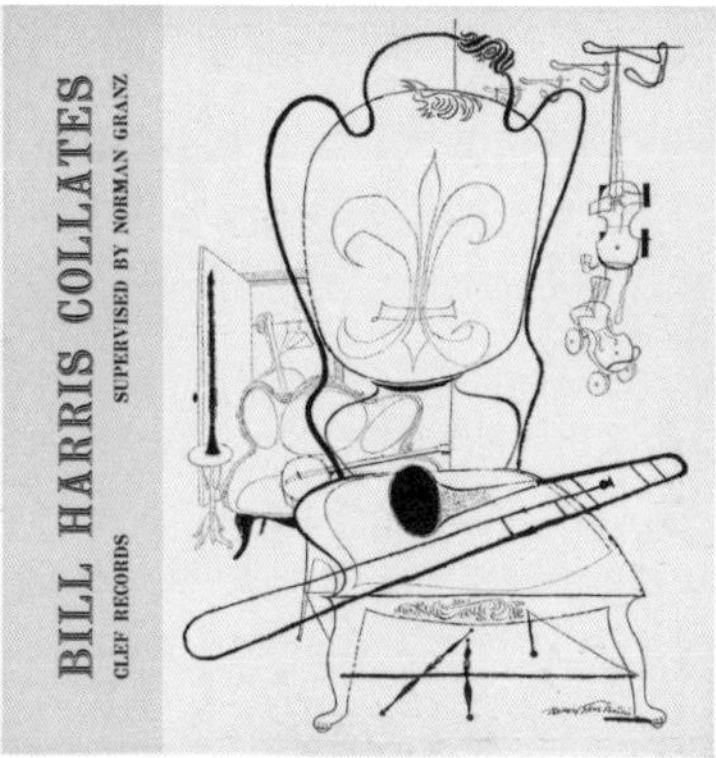

②

ン時代の同僚であるラルフ・バーンズが受け持っている。ビル・ハリスはウディー・ハーマン楽団（ファースト・ハード）でソリストとして名を上げ、当時は雑誌の人気投票でずっとトロンボーン部門の首位を続けた。このアルバムは、かつてのファースト・ハード時代のサウンドの再現を狙ったものなのだろうが、なにしろラルフ・バーンズの編曲がうるさくて、落ち着いてハリスのソロに耳を澄ませることができない。クインテット編成くらいで彼の個性的な演奏をじっくり聴きたかったところなのだが。ベスト・トラックは「グルーミー・サンデー」、むずかしい曲だが、感情のこもった見事なソロだ。

③ブルクマイヤー、25歳のときの録音。ジミー・ロウルズ（ピアノ）、バディー・クラーク（ベース）、メル・ルイス（ドラムズ）という西海岸ミュージシャンをバックにすべてワンホーンで吹きまくっている。三曲がスタンダード、四曲がブルクマイヤーのオリジナルという選曲だ。１９５５年1月、スタン・ゲッツとのシュライン・オーディトリアムでの名高いコンサートの直後に吹き込まれた。ヴァルヴ・トロンボーンのしっかりとした音色、自信たっぷりのフレージング、これからどんどん成長していこうとする若手プレイヤーの意気込みが感じられる。ジミー・ロウルズのクリスプなピアノ・サウンドも素敵だ。ブルクマイヤーは僕の好みのトロンボーン奏者とは言えないけれど、実力のある人であることは認める。ただときどきふと退屈に感じてしまうことがあるというだけだ。

ＤＳＭは力強いラインでこの伸び盛りの若者の姿をざっくりと描いている。

monaural
HI-FI
recording
BOB
BROOKMEYER
PLAYS BOB BROOKMEYER
AND SOME OTHERS
SUPERVISED BY NORMAN GRANZ
CLEF RECORDS
③

トランペットいろいろ

① Dizzy Gillespie; Dizzy and Strings　Norgran MGN-1023
② Dizzy Gillespie; The Modern Jazz Sextet　Norgran MGN-1076
③ Harry Edison; Mr.Swing　Verve MGV-8353
④ Roy Eldridge/Art Tatum/Alvin Stoller/John Simmons　Verve MGV-8064

DSMがジャケット画を描いているトランペッターのリーダー・アルバムは意外に少ない。木管楽器奏者のものはたくさん描いているのに。たぶんたまたまそういう巡り合わせだったのだろうが。

①ディジーがノーグラン・レーベルにおける最初の吹き込みとして、自ら望んで制作したこの弦楽器付きセッション、A面はジョニー・リチャーズがストリングズ付きの編曲をおこなっている。一曲だけを除いてあとはすべて編曲者のオリジナル曲。B面はバスター・ハーディングとジョニー・リチャーズが編曲をおこなっている。こちらはストリングズは入っておらず、通常のビッグバンド編成。曲はすべてハーディングとガレスピーが共作したオリジナル曲。そういう意味ではこのアルバムは通常の（凡百の）ムーディーな「ウィズ・ストリングズ」ものとは趣《おもむき》をまったく異《こと》にしているし、ディジーのソロにも熱が入っている。しかしいかんせん残念ながら、収められているオリジナル曲がどれもそんなに面白いものではない。この時期のアレンジャー重視の企

①

②

画にはそういうものがけっこう多い。

ＤＳＭはディジー特製の先の曲がったトランペットと弦楽器をジャケットに描いているが、それに加えて壁には黄色い松葉杖が一本立てかけてある。誰か足を痛めていたミュージシャンがいたのだろうか？　ＤＳＭの絵にはしばしばそういう「身内にしかわからない」インサイド・ジョークがちりばめられている。あるいはただそのとき、なんとなく松葉杖が描きたくなったということだけなのだろうか？

②ガレスピーとソニー・スティットというバップ時代の両雄が、真っ向からぶつかり合い火花を散らす名盤だ。スティットは普段はワンホーンで吹くことが多いが、他の管楽器奏者と共演するとめらめらと対抗意識を燃やすタイプだ。時にはけんか腰になるというか……もちろんディジーもすんなり黙って引っ込んではいない。そんなホットな二人のソロイストの背後で、ピアノをクールに弾いているのはジョン・ルイス。スキーター・ベストのギターも堅実なリズムを刻んでいる。なかなか興味深い顔合わせだ。ＤＳＭの描くガレスピーの姿はとても楽しそうだ。

③ベイシー楽団で13年間にわたり活躍したハリー・エディソンだが、１９５０年頃にフリーになり、多くのセッションに顔を出している。ＤＳＭはここでは（おそらくは）エディソンの両手だけを描いている。楽器も出てこない。描かれているのはただ両手だけ。この両手はいったいどのような感情を表現しようとしているのだろう？　スウィングするフィンガーチップということだろうか？

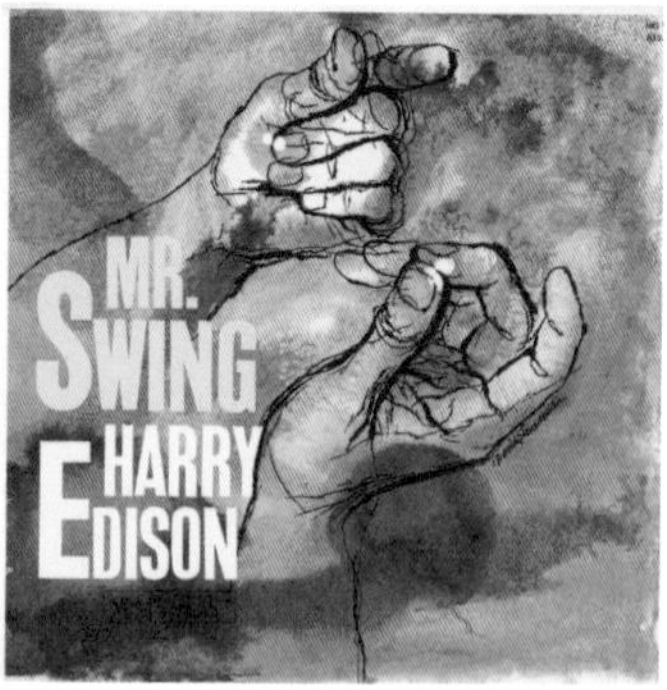

③

この録音セッションのピアノは、サラ・ヴォーンの伴奏者として評価の高いジミー・ジョーンズ、リズム・ギターはベイシー楽団時代の僚友《りょうゆう》フレディー・グリーン。テナー・サックスのジミー・フォレストが加わっている。地味ではあるが、がっちり堅実な実力派の共演陣だ。とくにグリーンの刻むリズムが、まるで心臓の鼓動のようにぴたりと音楽に合っている。ロイ・エルドリッジの音色に上品な甘美さを加えたようなエディソン独特のサウンドは聴き飽きしない。

④ロイ・エルドリッジとアート・テイタムというリジェンド同士の初顔合わせ。そこにドラムズのアルヴィン・ストーラーを加えた三人の後ろ姿を、ＤＳＭは鮮やかに描いている。小柄なエルドリッジ（別名「リトル・ジャズ」）、堂々たる体躯《たいく》のテイタム、ひょろりとしたのっぽのストーラー……三人ともなぜか手を後ろにやっている。そんな三人三様の後ろ姿を眺めているだけで、彼らの作り出す音楽が聴きたくなってくる。

④

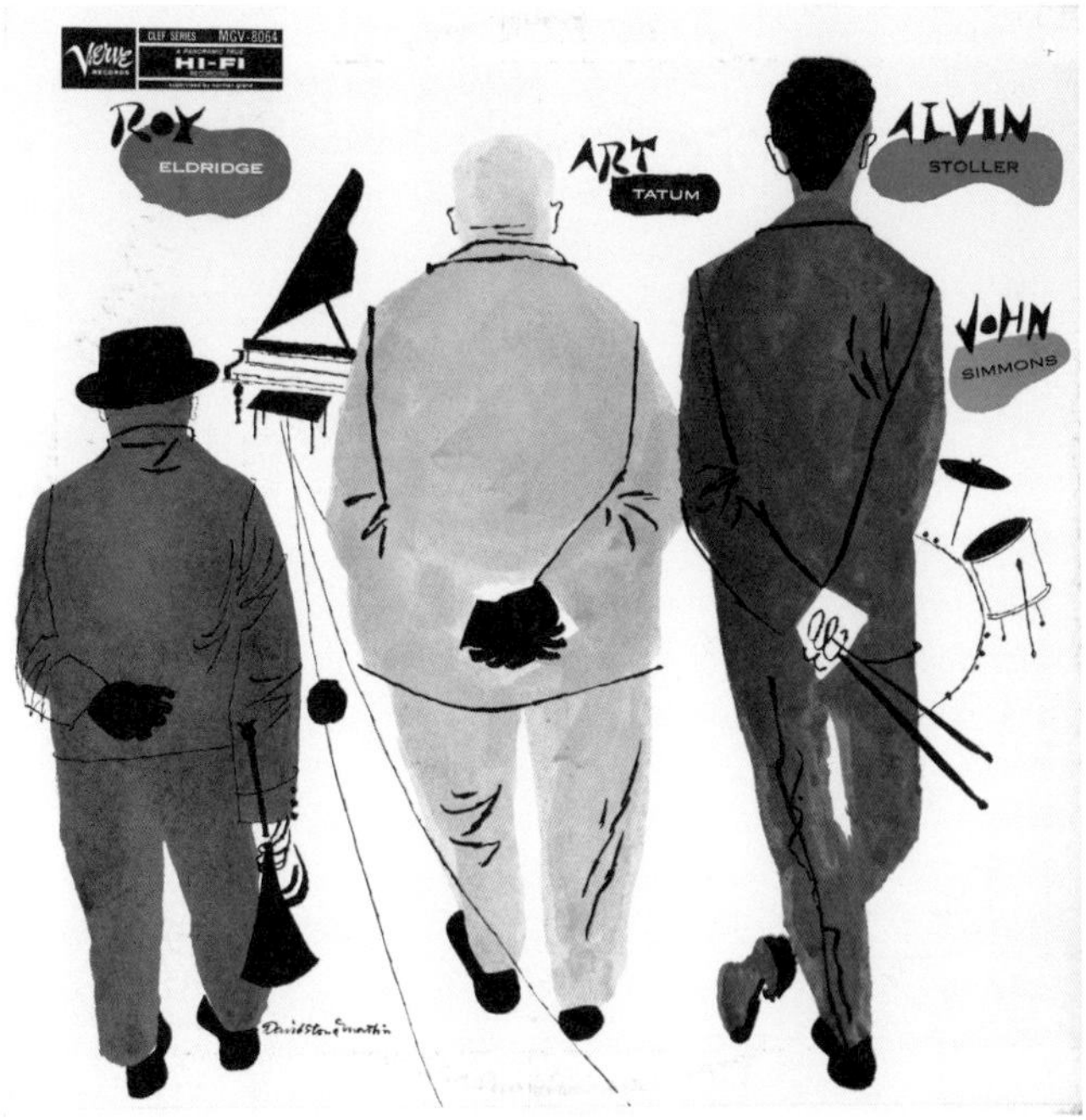

テイタムは管楽器奏者と共演することがほとんどないピアニストだが（なにしろ自分ひとりで隙間なく音を敷き詰めてしまう人なので）、エルドリッジは臆せずそこにずばずば切り込んでいく。それに対して、テイタムは我関《われかん》せずと、あくまで自分のペースでピアノを弾きまくり続ける。インタープレイなんてどこ吹く風。このへんの二人の掛け合いが聴きものだ。聴いていてちょっとはらはらするけど。

グランツはテイタムといろんな管楽器奏者を組み合わせて録音させたが、成功例は文句なくベン・ウェブスター、それから多少落ちてバディ・デフランコというあたりに留まるだろう。

バド・パウエル

（ピアノ）

Bud Powell

① **Bud Powell's Moods** **Verve MGV-8154**
② **Jazz Giant** **Verve MGV-8153**
③ **Piano Interpretations** **Norgran MGN-1077**
④ **Piano Interpretations** **Verve MGV-8167**

①まるでロールシャッハ・テストのように、バド・パウエルの色違いの横顔が向き合ったかたちで描かれている。まさかパウエルの分裂症的傾向を表したわけではあるまいが（彼は精神病院に一時収容されていた）、"Bud Powell's Moods" という題名からして、どことなく不吉な感じのするアルバムだ。A面最初の「ヴァーモントの月」は美しいバラードだが、パウエルが弾くとそこに不安定な空気が立ちこめていくような気がする。常に瀬戸際に立たされているような彼の演奏は、決して人々をリラックスさせるためのものではない。出来不出来の差も激しい。しかし真剣に耳を澄ませる用意のある人にとってはそれは常に、滋養ある深い水源のごときものなのだ。DSMのイラストにはそんな「瀬戸際感」がじんわり漂っているようだ。

②に描かれているのは（おそらく）旅をするバド・パウエルの後ろ姿。彼は遠くにあるグランド・ピアノをじっと眺めている。彼はあるいは長い旅の末にようやくピアノにたどり着いたのかもしれない。

あるいはどうしても近寄ることのできないその楽器に、フラストレーションなり憧憬《しょうけい》なりを抱きつつそこにじっと立ちすくんでいるのかもしれない。あなたはどのように解釈するだろう？　夕焼けのような赤色が印象的だ。

このアルバムには「テンパス・フジット」「セリア」「ストリクトリー・コンフィデンシャル」「ソー・ソーリー・プリーズ」といったパウエルの名高いオリジナル曲が収められており、それらの演奏は何度聴いても魅力的で、聴き飽きしない。ベースのレイ・ブラウン、ドラムズのマックス・ローチも見事だ。パウエルがクレフ／ノーグランに残した他のアルバムはすべて１９５４年から56年にかけての録音だが、このアルバムは１９４９年か

①

②

ら50年にかけての録音になっている（1951年から53年にかけて彼は精神病院に入院しており、演奏活動はおこなっていない）。これはパウエルにとっての二枚目のリーダー・アルバムだった。まっすぐ迷いのない、ほとんど鬼気迫る名演になっている。

③④どちらも内容は同じ、ジャケット・デザインも同じだが、オリジナルのノーグラン盤はパウエルの左半身が黄色、再発のヴァーヴ盤のそれはピンクになっている。色の変換がDSMの監修のもとになされたものかどうかは不明。ピアノの鍵盤の前で考え込んでいるパウエルの姿をDSMは描いている。頭の上にぼんやりとかかっている黒雲は果たしてうまく払われるのだろうか？　パウエルの右側に立っている四本の黒い影はいったいなんだろう？　あれこれ考え始めるとキリがなくなってしまうのがDSMの絵の特色だ。

このアルバムにおける共演者はジョージ・デュヴィヴィエ（ベース）とアート・テイラー（ドラムズ）。パウエルのオリジナルは一曲しか入っていないが（かわりにコールマン・ホーキンズとチャーリー・パーカーのオリジナル曲が演奏されている）、演奏を貫く強靱《きょうじん》なドライブ感はさすが見事だ。

③

MG N-1077
NORGRAN RECORDS
PIANO INTERPRETATIONS
BY BUD POWELL
A PANORAMIC TRUE
HI-FI
RECORDING
SUPERVISED BY NORMAN GRANZ

PIANO INTERPRETATIONS
BY BUD POWELL

④

アート・テイタム

（ピアノ）

Art Tatum

① The Genius of Art Tatum #1　Verve MGV-8036
② The Genius of Art Tatum #2　Clef MGC-613
③ The Genius of Art Tatum #3　Clef MGC-614
④ The Genius of Art Tatum #5　Verve MGV-8040
⑤ The Genius of Art Tatum #7　Verve MGV-8056
⑥ The Genius of Art Tatum #8　Clef MGC-659
⑦ The Genius of Art Tatum #10　Verve MGV-8059

驚異的なテクニックでジャズ・ピアノの歴史を塗り替えた盲人ピアニスト（片目は微《かす》かに見えたそうだが）、アート・テイタム。ノーマン・グランツは彼に対して絶対的な敬意を抱いており、全部で十一枚のピアノソロ・アルバムを半年足らずのうちに制作した。その曲数は全部で百五十に上る。強烈なマラソン・セッションだ。僕はその十一枚のうち七枚を集めたが、「まあ、これくらいあればもういいか」という心境になる。とくにアート・テイタムの熱心なファンというわけでもないし。

シリーズの＃５（④）までは、ピアノを弾くテイタムの姿をＤＳＭはペン画で描いている。バックの色の組み合わせが違っているだけ。＃６からはがらりと趣向が変わって、テイタムの顔の大アップになる。両目は黒く塗りつぶされている。大胆な構図だ。でも中身の音楽はまったく変わらない。テイタムが自分の知っているスタンダード曲を、片端からソロで淀《よど》みなく弾きまくる。しかしよくこれだけの数の曲が頭に入っているものだ。感心してしまう。

そんなにたくさん聴いて飽きないか？　いや、もちろん飽きます。どれも間違いなく優れた演奏なんだけど、やっていることは基本的にだいたい同じようなものだから。だから正直言って、これ以上テイタムのソロ・アルバムを買い込もうという気にはあまりなれない。ウラジミール・ホロヴィッツが誰かに連れられて、ニューヨークのジャズ・クラブにアート・テイタムを聴きに行ったことがある。その強靱かつ華麗なテクニックにホロヴィッツは感嘆したが、「もう一度聴きに行きますか？」と尋ねられて首を振り、「いや、一度でじゅうぶんだ」と答えたという。ホロヴィッツさんの気持ちは僕にもよくわかる。テイタムは1956年に47歳の若さで亡くなったが、もっと長生きしていたら、もっとたくさんのソロ・アルバムを吹き込んでいたかもしれない。

でもそうは言いながらも、このシリーズの中には心に残る演奏も数多くある。たとえば#2（②）に入っている「ボディー・アンド・ソウル」や#3（③）に入っている「ルイーズ」、#8（⑥）に入っている「オール・ザ・シングズ・ユー・アー」なんかは個人的に昔から気に入っていて、ときどきレコードをターンテーブルに載せて、演奏に耳を傾ける。そしてテイタムが実際に目の前でこういう風に演奏しているところに居合わせたら、きっと真剣に驚愕し、かつ感動するのだろうなと想像する。

僕は「木野」という短編小説の中で、奥さんに浮気をされて離婚した中年男が、路地奥で小さなバーを始め、そこで夜中、ひとりで静かにアート・テイタムのレコードを聴いている風景を描いた。あるいはそういう聴き方をすると、テイタムの音楽の深さがよりよく理解できるのかもしれない。

ART
TATUM
#2
HI-FI

②

ART
TATUM
#1
HI-FI

①

ART
TATUM
#5
HI-FI

④

ART
TATUM
#3
HI-FI

③

THE GENIUS OF
ART TATUM THE GENIUS
OF ART TATUM THE GENIUS
OF ART TATUM
SUPERVISED BY NORMAN GRANZ
8
CLEF RECORDS
HI-FI

⑥

THE GENIUS OF
ART TATUM THE GENIUS
OF ART TATUM THE GENIUS
OF ART TATUM
7
HI-FI

⑤

THE GENIUS OF
ART TATUM THE GENIUS
OF ART TATUM THE GENIUS
OF ART TATUM
$4.99
10
HI-FI

⑦

オスカー・ピーターソン (1)

（ピアノ）

Oscar Peterson (1)

① Plays Cole Porter	Clef MGC-603
② Plays Irving Berlin	Clef MGC-604
③ Plays George Gershwin	Clef MGC-605
④ Plays Duke Ellington	Clef MGC-606
⑤ Plays Jerome Kern	Clef MGC-623
⑥ Plays Richard Rodgers	Clef MGC-624
⑦ Plays Vincent Youmans	Clef MGC-625
⑧ Plays Harold Arlen	Clef MGC-649
⑨ Plays Jimmy McHugh	Clef MGC-650

オスカー・ピーターソンはソングライターの曲集シリーズを二度出しているが、これは最初のモノラル盤（クレフ）の方。レイ・ブラウンとバーニー・ケッセルのトリオで演奏している。⑧と⑨だけはケッセルが抜けて、ハーブ・エリスがギターを担当している。ステレオ盤（ヴァーヴ）の方はギターが抜けて、ドラムズのエド・シグペンが入ったトリオの演奏だ。新旧の内容はソングライターの顔ぶれも、取り上げた曲目もほぼ同じ。ステレオ盤のシリーズではハリー・ウォーレンとヴィンセント・ユーマンズが一枚に収められているが。

モノラル盤の方は全部で十枚アルバムが作られているが、うちにあるのは九枚。抜けているのはハリー・ウォーレン曲集（Clef MGC-648）だ。そのうちに揃えよう。ステレオ盤は全部で九枚、こちらは全巻揃っている。

モノラル盤のジャケットはすべてＤＳＭが描くピーターソンの同じ後ろ姿。背景の色が違っているだけ。何しろ１９５２年から54年にかけて大急ぎでマラソン録音されたシリーズなので、次々にレコードが発売されるし、いちいちジャケットを描き分けているのが面倒だったのかもしれないが、それはそれで一貫性があって好ましくもある。一堂に並べてみるとなかなか美しい。ステレオ盤のジャケットは九枚中六枚の絵を女流画家マール・ショアが担当していて、ロマンチックな雰囲気をかもしだし、モノラル盤とは違った統一感が出ている。しかし音楽の出来からいえば、モノラル盤シリーズの方がずっと優れている。ステレオ盤の方は今ひとつノリが良くないのだ。

これにはもちろん原因がある。まず第一にドラムのエド・シグペンが加入したばかりで、グループにまだうまく馴染めていないらしいこと。なぜかドラムの音がよく聞こえない（あるいは入っていない）トラックがたくさんある。グループとしての一体感があまり感じられない。第二に強行日程。なにしろ１９５９年7月14日から8月9日の間に、ＬＰ九枚分、計百六曲が録音されている。以前録音したのとほぼ同じ曲目ということはあるにせよ、信じがたいハードワークだ。ピーターソンは大車輪で健闘しているが、そんな過酷な状況で満足のいく音楽ができるわけはないだろう。シカゴのスタジオでステレオ録音されたものだが、音のバランスもあまり良いとは言えない。モノラルのクリアな音質に比べると、なんだかもったりして感じられる。

そんなわけでこのソングライター・シリーズ、モノラル旧盤を聴いていればそれで十分ということになりそうだ。しかしどうしてグランツはそんな無茶な日程を組んだのだろう？　いずれにせよ、ピーターソンはずいぶんグランツにこき使われていたみたいだ。よく身体を壊さなかったものだと感心してしまう。お疲れさま。

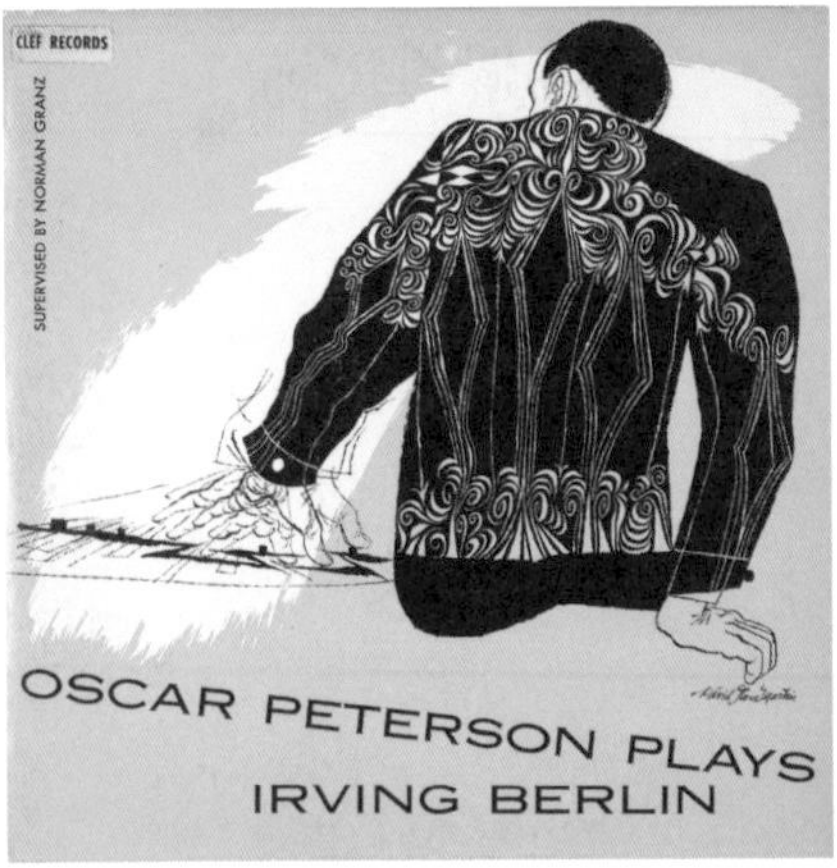
CLEF RECORDS
SUPERVISED BY NORMAN GRANZ
OSCAR PETERSON PLAYS
IRVING BERLIN

②

CLEF RECORDS
SUPERVISED BY NORMAN GRANZ
OSCAR PETERSON PLAYS
HI-FI RECORDING
COLE PORTER

①

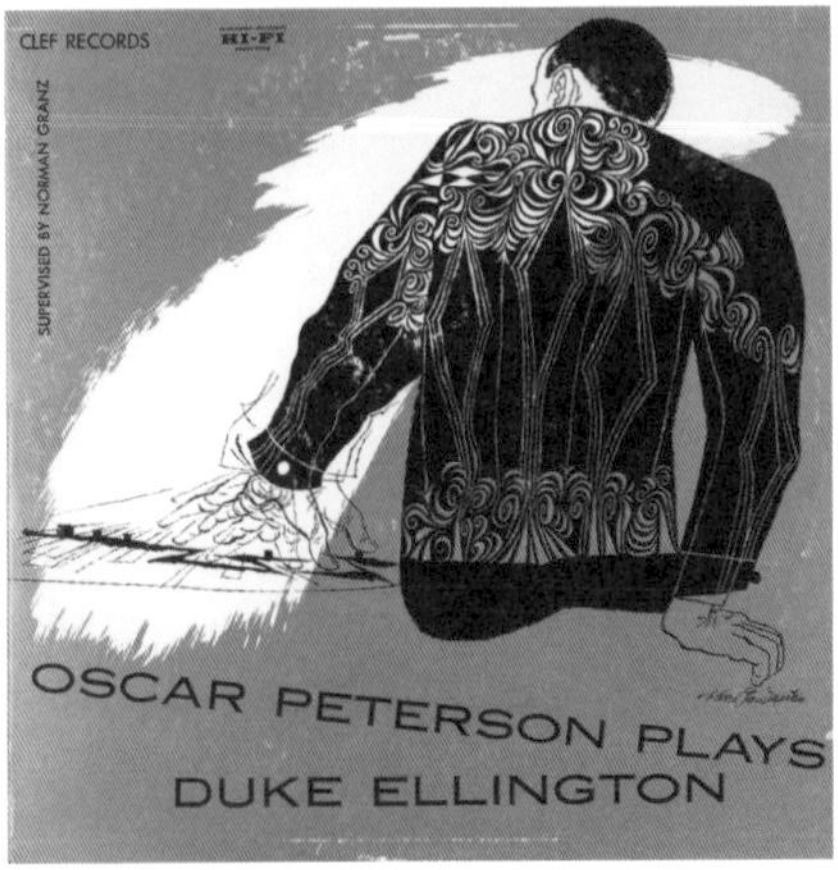
CLEF RECORDS
HI-FI
SUPERVISED BY NORMAN GRANZ
OSCAR PETERSON PLAYS
DUKE ELLINGTON

④

CLEF RECORDS
SUPERVISED BY NORMAN GRANZ
OSCAR PETERSON PLAYS
GEORGE GERSHWIN

③

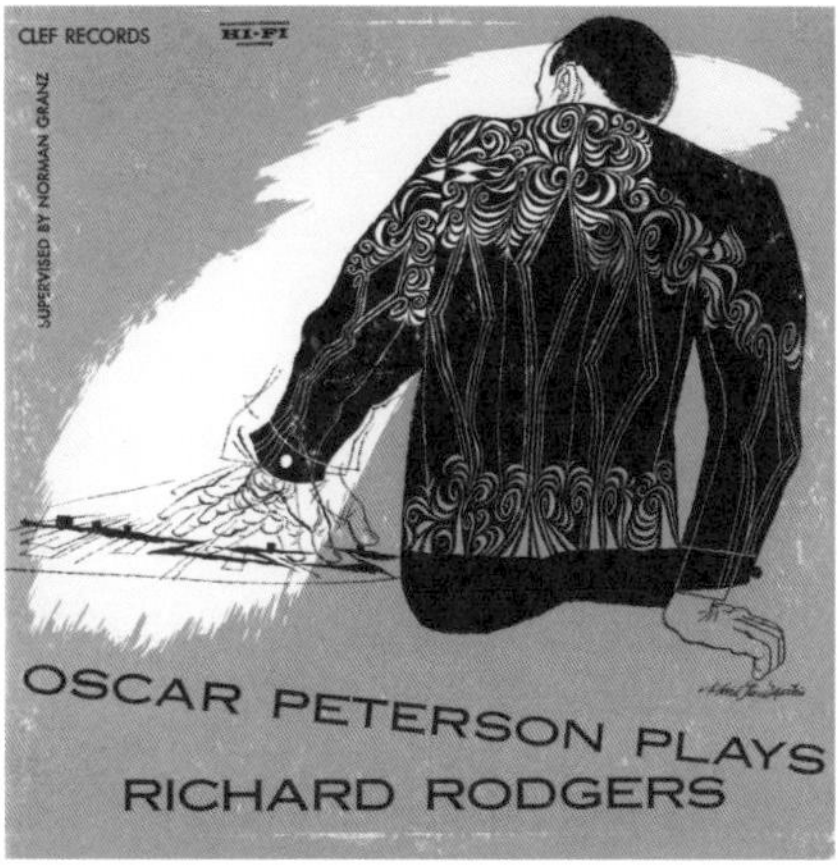
CLEF RECORDS
HI-FI
SUPERVISED BY NORMAN GRANZ
OSCAR PETERSON PLAYS
RICHARD RODGERS

⑥

CLEF RECORDS
HI-FI
SUPERVISED BY NORMAN GRANZ
OSCAR PETERSON PLAYS
JEROME KERN

⑤

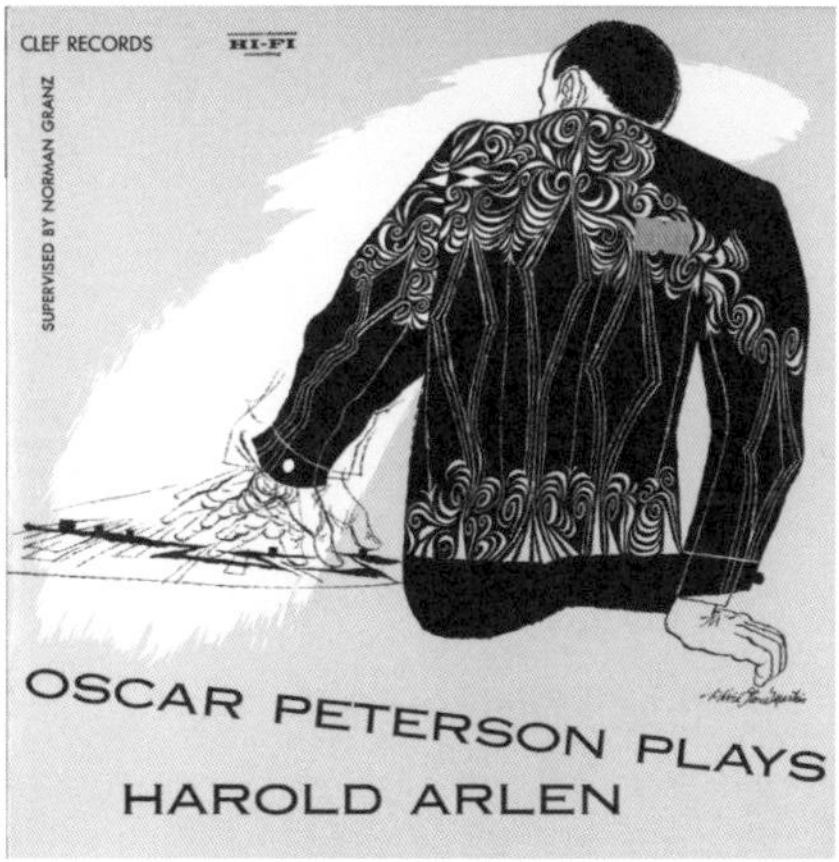
CLEF RECORDS
HI-FI
SUPERVISED BY NORMAN GRANZ
OSCAR PETERSON PLAYS
HAROLD ARLEN

⑧

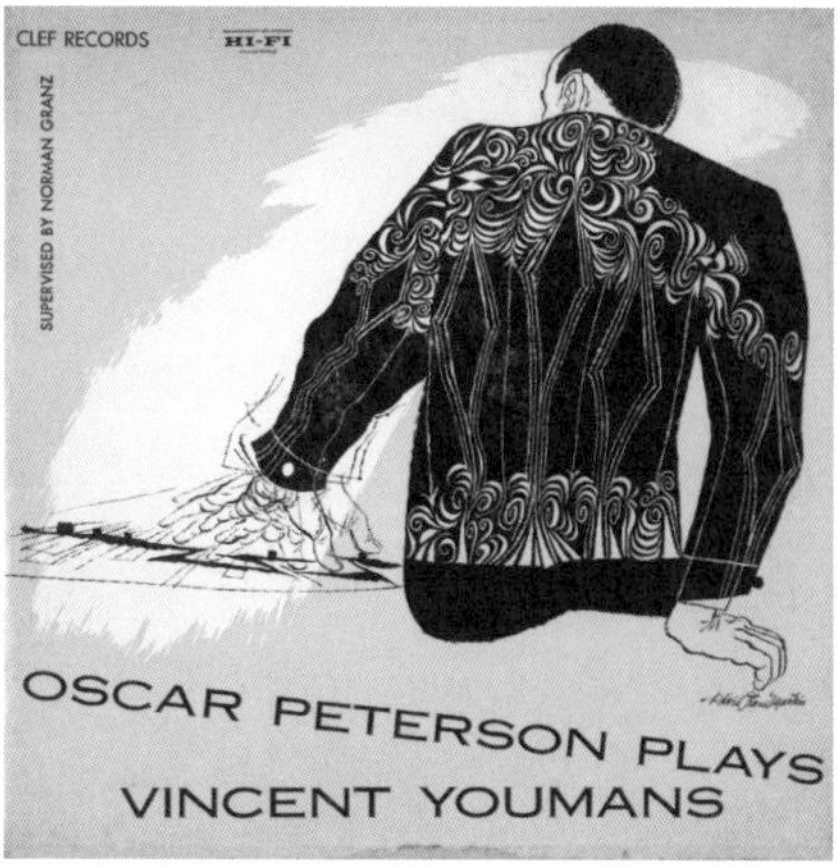
CLEF RECORDS
HI-FI
SUPERVISED BY NORMAN GRANZ
OSCAR PETERSON PLAYS
VINCENT YOUMANS

⑦

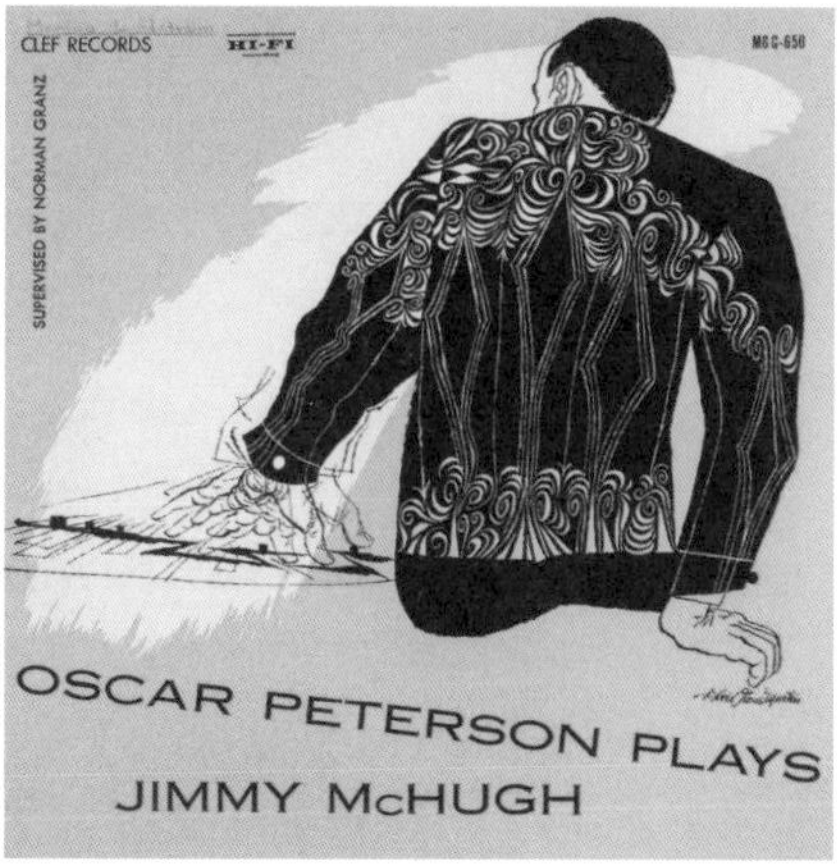
CLEF RECORDS
HI-FI
MGC-650
SUPERVISED BY NORMAN GRANZ
OSCAR PETERSON PLAYS
JIMMY McHUGH

⑨

オスカー・ピーターソン（2）

（ピアノ）

Oscar Peterson (2)

① Oscar Peterson Quartet	Clef MGC-688
② Oscar Peterson Quartet #2（10″）	Clef MGC-168
③ At Carnegie（10″）	Clef MGC-107
④ Plays Pretty（10″）	Clef MGC-119
⑤ Piano Solos（10″）	Clef MGC-106
⑥ Collates（10″）	Mercury MGC-110
⑦ Collates #2（10″）	Clef MGC-127
⑧ Porgy & Bess	Verve MGV-8340

オスカー・ピーターソンはグランツ傘下のレーベルからなにしろ数多くのアルバムを出しているので、フォローするだけで一苦労だ。リーダー・アルバムだけでも数え切れないほどあるのに、各種セッションでリズム・セクションを務めているものまで含めるとほとんど天文学的数字になってしまう。

DSMがピーターソンのために絵を描いているジャケットは、ほとんどがクレフ／ノーグラン・レーベルのためのものなので、従ってバーニー・ケッセルがギタリストとして加わっている時期のオスカー・ピーターソン・トリオの演奏が中心になる。ケッセルのあとはハーブ・エリス（ギター）が参加し、1959年からはドラムのエド・シグペンが入って、ギター入りレギュラー・トリオの時代に終止符が打たれる。シグペンが参加してからあとの時代にはDSMはもうほとんどジャケット・デザインの仕事をしていない。

日本でオスカー・ピーターソンというと、シグペンが入ってからあとのドラム入りトリオのものの人

③

気が高い。確かに１９６０年代に入ってからのピーターソンの成熟ぶりには見るべきものがあるし、ヴァーヴから出ている「ザ・トリオ」とか“We Get Requests”とかは僕の長年の愛聴盤でもあるんだけど（レイ・ブラウンのベースが大好きなので）、でもＤＳＭのジャケット絵のついたギター入りトリオのあの独特のサウンドも、僕にとっては――時としてその饒舌《じょうぜつ》ぶりにうんざりすることはあるにせよ――やはり何ものにも換えがたい大事な存在なのだ。

③のカーネギー・ホールでの１９４９年のライブでは、ピーターソンはレイ・ブラウンとバディー・リッチとのトリオで出演しているのだが（このときにはまだ常設トリオはできていなかった）、「カーネギー・ブルーズ」の火の出るようなプレイは、何はともあれ見事だ。ブラウンがソロをとることはなく、ピーターソンは一人でピアノを弾きまくっている。いくら弾いても弾き足りないみたいに。客席もやんやの喝采《かっさい》。

⑥⑦の「コレイツ」はこれまでにシングル発売した彼の演奏を寄せ集めた（コレイトした）ものだ。だから演奏メンバーも曲ごとにばらばらになっている。中にはピーターソンが美声を聴かせる「バット・ノット・フォー・ミー」も入っている。ただしこのレコードのジャケット絵は正確にはＤＳＭの手になるものではない。「チ

⑥

MGC-110
OSCAR PETERSON
COLLATES
MERCURY
SUPERVISED BY
NORMAN GRANZ

OSCAR PETERSON
COLLATES
No.2
SUPERVISED BY
NORMAN GRANZ
CLEF RECORDS

⑦

OSCAR
PETERSON
PLAYS PRETTY

④

②

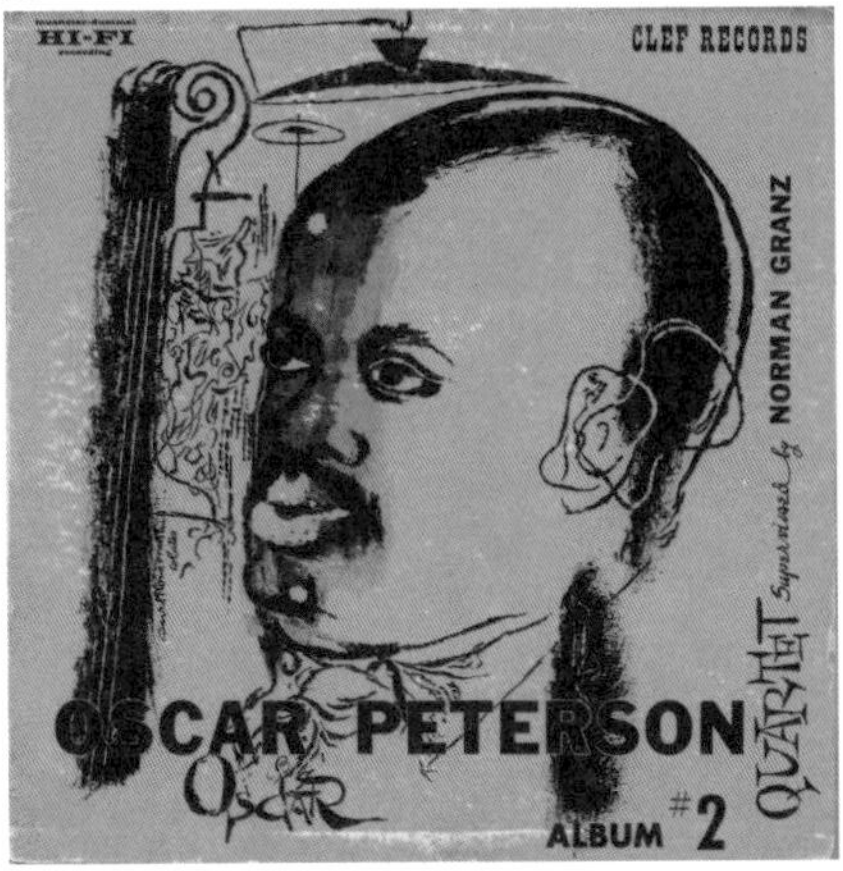

①

ャーリー・パーカー」の項でも触れたエリザベス・ドウバーとの共作で、ジャケットにもDauber-Martinと二人の名前が並んで入っている。しかし絵自体はどのように見てもＤＳＭの絵だ。だからここに入れさせてもらった。ピアノを運ぶ二人の男、それを男の子が見物している。いいですね。

④は美しいバラードばかり集めたアルバムで、ギターのアーヴィング・アシュビーを入れたトリオ編成。１９５２年1月の録音。このときはまだケッセルがレギュラー・メンバーになっていない。ＤＳＭは花柄をあしらって、なんとかprettyなムードを出そうと努めている。黒々としすぎていて、あまり可愛くは見えないような気がするけど。

①②その翌月、１９５２年2月に吹き込まれた「カルテット」にはケッセルのギターにアルヴィン・ストーラー（ドラムズ）が加わり、前作とは打って変わって、元気の良い長尺ものの演奏が繰り広げられている。これは初期のピーターソンにとっては代表作のひとつになるだろう。ケッセルも快調で、このあと彼はレギュラー・メンバーとして採用されたようだ。このジャケット（表）には珍しくＤＳＭ

のサインが入っていない。ピーターソンのどアップの肖像。よく見ると、耳の上にギターの胴のようなラインが重なっている。ベースとシンバルも描かれているから、たぶんこれがギターなのだろう。なんだか判じ物のようだけど。

⑤ジャケットには“Piano Solos”とあるが、実際にはレイ・ブラウンとのデュオ。1950年3月録音。グランツ傘下での記念すべき初吹き込みとなる。ノーマン・グランツがライナーノートに、自分がモントリオールでピーターソンを「発見した」いきさつを書いている。そして「誰もがきっと彼を好きになるはずだ」ときっぱり断言している。このレコード、確かに素晴らしい出来だ。

⑤

⑧

ピアノいろいろ

① James P.Johnson; New York Jazz　Stinson SLP-21
② Mary Lou Williams; And Orchestra　Stinson SLP-24
③ Meade Lux Lewis; Boogie Woogie at the Philharmonic (10″)　Mercury MGC-506
④ Teddy Wilson; The Creative Teddy Wilson　Norgran MGN-1019
⑤ Hank Jones; Hank Jones' Piano (10″)　Mercury MGC-100
⑥ Hank Jones; Urbanity　Verve MGV-8091
⑦ Toshiko Akiyoshi; Toshiko (国内盤)　Verve (日 Poly.MI-3005)

グランツは自分が「発見した」オスカー・ピーターソンに夢中で、アート・テイタムは特別の例外として、他のピアニストにはもうひとつ関心が向かなかったようだ。そんなわけで、クレフ／ノーグラン・レーベルから出ているピーターソン以外のピアニストのレコードは意外なほど少ない。しかしそれでも、テディー・ウィルソンは十枚以上のアルバムをクレフ／ノーグランで制作しているから、それなりにグランツは彼に敬意を払っていたのだろう。もちろんＪＡＴＰみたいなものには参加させなかったけれど。

①ジェームズ・Ｐ・ジョンソンは１８９４年生まれの伝説のピアニスト、ストライド奏法で一世を風《ふう》靡《び》した。ファッツ・ウォーラーの師匠にあたる。ＤＳＭはアッシュ・レコードに在籍しているときにこのジャケット・デザインを手がけた。楽譜を小脇に抱えて路上を歩いて行くジョンソンの姿。商売女らしき女性がそれを見守っている。社会主義的リアリズムの雰囲気を色濃く残した画風で、後期のＤＳＭとはかなり雰囲気が違うが、構図の大胆さなんかは

MARY LOU WILLIAMS
STINSON RECORDS
Coleman Hawkins
MARY LOU WILLIAMS
STINSON SLP #24
Claude Greene

②

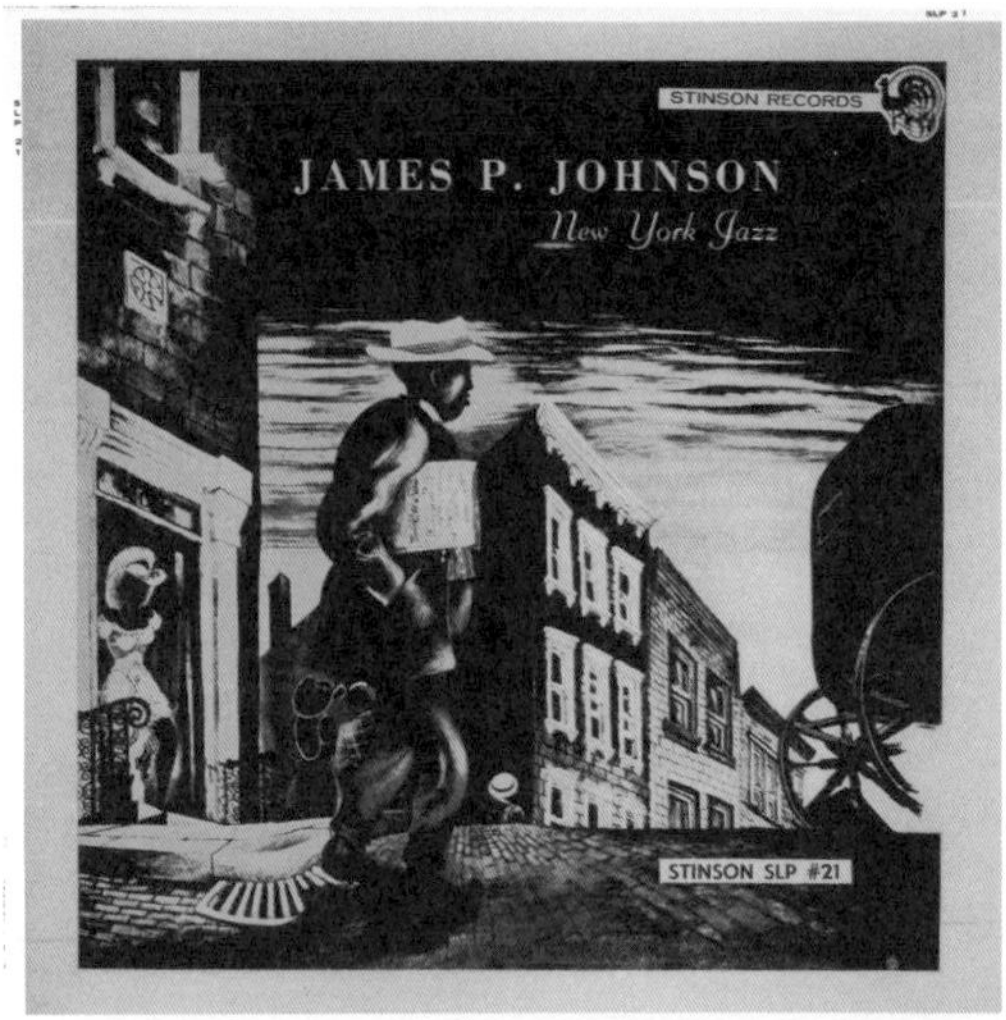
STINSON RECORDS
JAMES P. JOHNSON
New York Jazz
STINSON SLP #21

①

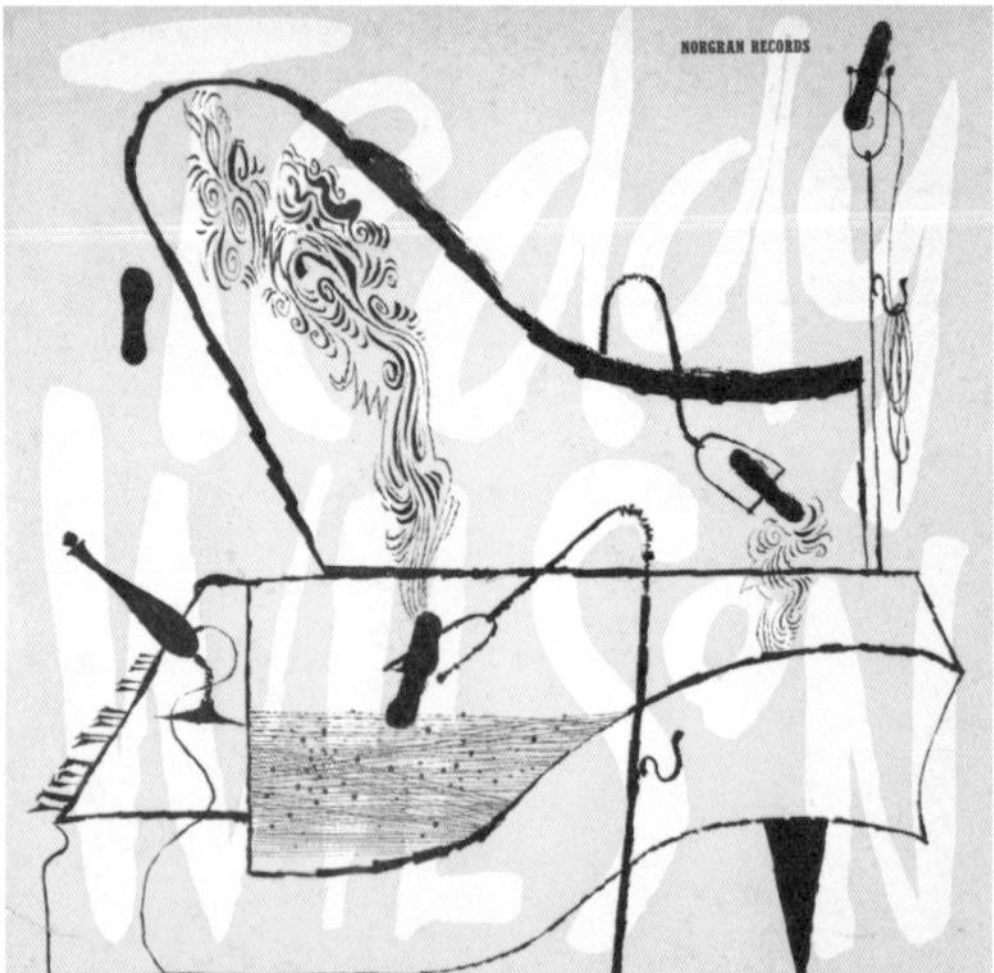
NORGRAN RECORDS

④

BOOGIE
WOOGIE
AT THE PHILHARMONIC
SUPERVISED BY NORMAN GRANZ
MERCURY

③

ほとんど同じかもしれない。ジャケットの裏側にいつもの署名がついている。

②メアリ・ルウ・ウィリアムズはジャズ・ピアノの草分けの一人とも言える女流ピアニスト。DSMとは昔から縁が深い。ドン・バイアス、ヴィック・ディッケンソンを加えたこのセッションでは、彼女はクリスプな好演奏を繰り広げている。

③はブギヴギ・ピアノの名手ミード・ラックス・ルイスが、1944年7月2日のJATPでおこなったソロ演奏四曲を、10インチ・レコードの片面に収めたもの（オリジナルはアッシュから出されたSP盤）。

④ウィルソンがヴァーヴ系に残した最高のアルバムは、レスター・ヤングと組んだ「プレス・アンド・テディー」、ピアノ・トリオでは「アイ・ゴット・リズム」というあたりだが、残念ながらどちらもDSMはジャケットを担当していない。彼が手がけたのはこのアルバムだけだ。これは「いつもどおりの」端正上品なテディー・ウィルソンで、出来は可もなし不可もなしというところ。

⑤⑥ハンク・ジョーンズは玄人好みのジャズ・ピアニストだ。人をあっと驚かせるような派手さはないが、趣味の良い知的なソロを聴かせる。またリズム・セクションのピアニストとしても、出過ぎることなく、しかし着実に物事を前に進ませていく。グランツはしばしば彼をJATPに参加させたが、どうしても「ピーターソンの代役」という印象はつきまとった。数多くのレコードを出してはいるのだが、「これぞハンク・ジョーンズ！」という決定的な作品は残念ながら見当たらない。あえて言うなら、キャノンボール・アダレイの“Somethin' Else”くらいか。この⑤はジョーンズにとっての初録音になる。194

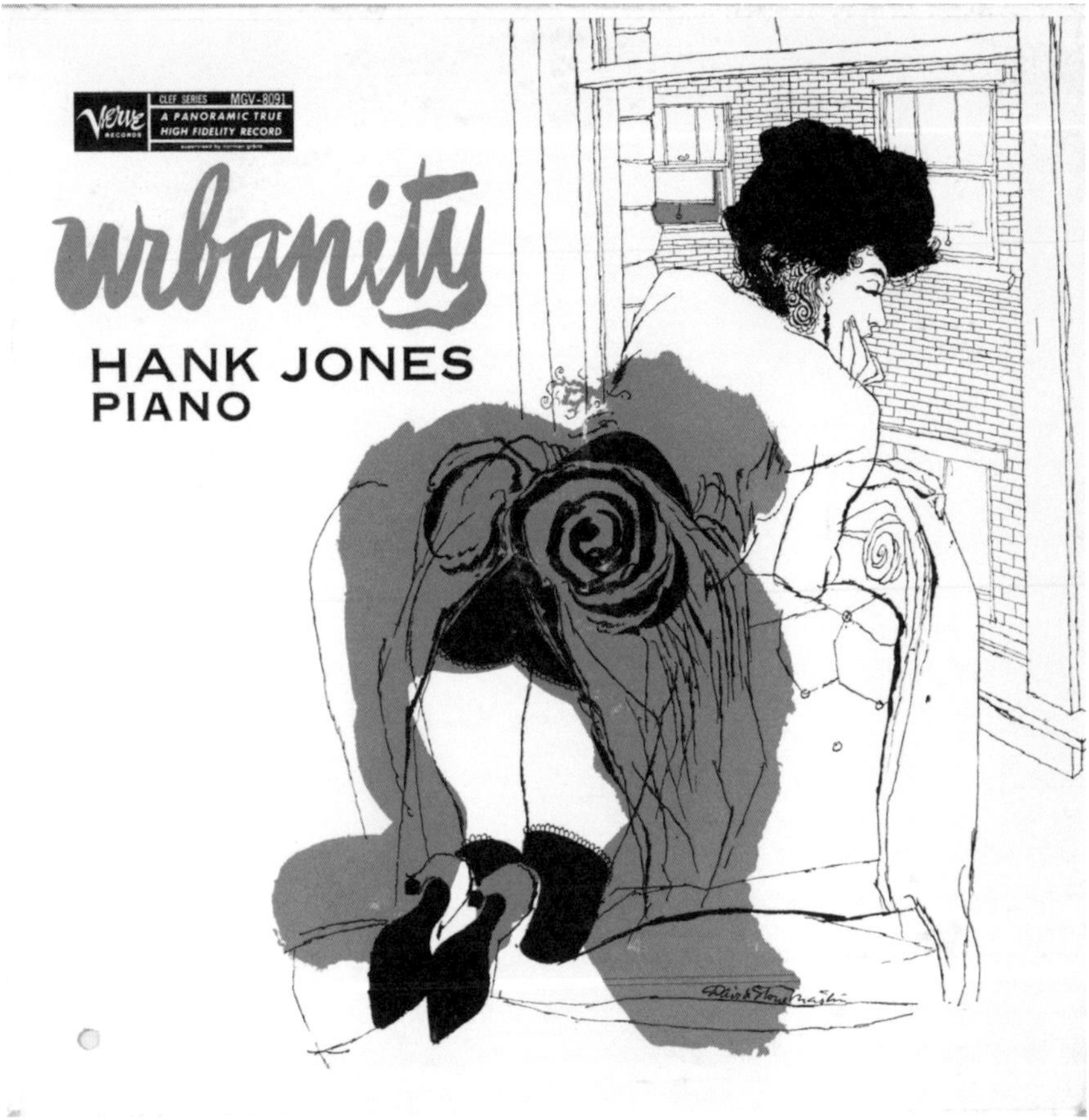
Verve RECORDS
CLEF SERIES MGV-8091
A PANORAMIC TRUE HIGH FIDELITY RECORD
urbanity
HANK JONES
PIANO
⑥

hank jones' piano
PRODUCED BY NORMAN GRANZ
⑤

7年の吹き込み、ソロ・ピアノの演奏で、この時点ではまだテディー・ウィルソンの影響が色濃く残っている。

⑥のB面には10インチ盤の⑤がそのまま収まっていて、A面にはジョニー・スミス（ギター）とレイ・ブラウンが加わったトリオの録音になっている。この吹き込みは1953年で、前作にくらべるとかなり「ハンク・ジョーンズらしく」なっている。このアルバムのジャケットはなかなか色っぽい。娼婦らしき女性が窓から下の通りを眺めている。DSMはしばしば「娼婦らしき」女性の姿を描いている。どうしてだろう？　彼にとっては、ジャズと娼婦は底の方で伝統的に結びついているのかもしれない。しかし人目を惹くジャケットであることは確かだ。

⑦の秋吉敏子が着ているのはどう見てもチャイナドレスで、日本風ではない。しかしまあそんなことはどうでもよくて、これは秋吉さんにとっての記念すべきデビュー・レコード、内容も素晴らしい。1953年、JATPで来日したオスカー・ピーターソンのリズム・セクションを借り受けての東京での録音だが、日本人の若い女性がこんなに強烈な演奏をするのを目の当たりにして、アメリカ人のミュージシャンはみんな文字通りひっくり返った。

このレコードは日本盤だが、他のレコードを買ってクーポンを集めるともらえる特別仕様のもので、当時市販されてはおらず、手に入れて大事に聴いてきた。いつかオリジナル10インチ盤を手に入れようとしているのだが、なかなか（僕の考える適価では）見つからない。

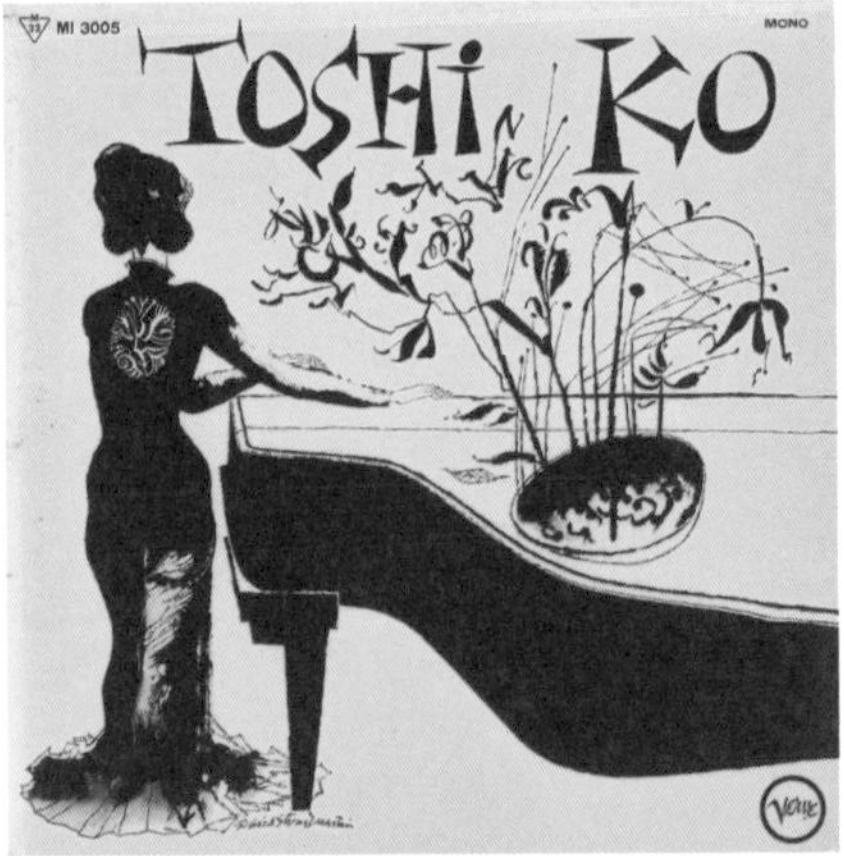

⑦

ライオネル・ハンプトン

（ヴィブラフォン）

Lionel Hampton

① Quartet（10″） Clef MGC-142
② Quintet featuring Buddy DeFranco（国内盤） 日 Poly.POJJ-1589/90
③ Lionel Hampton Big Band Clef MGC-670

ライオネル・ハンプトンはレコード市場的にみると、今ひとつ人気がないみたいだ。中古屋さんに行ってもそれほど高い値付けはされていない。ヴィブラフォンという楽器の偉大な草分けだし、ジャズ史に輝くリジェンドだし、残した作品の質も平均的に高いと思うのだが、どうしてだろう？　僕はけっこう楽しんで彼のレコードを聴いているけど。

あるいはハンプトンの演奏の持つ根本的な楽観性のようなものが、今となってはいくぶんコーニーに感じられるせいだろうか？　たしかにそれはあるかもしれない。ミルト・ジャクソンの持つブルージーな陰りのようなものは、この人の楽音には求めがたい。なんか、「からっとしたまま終わってしまったな」みたいなところがある。でもそう思いつつも、聴いていて「うまいなあ」とつい唸《うな》らされる。職人芸といえばそれまでなのかもしれないが、それだけではないだろう。それだけではリジェンドにはなれない。この人の持つ歌心には、ありきたりの常識をぐいっと突き抜けるところがある。

①

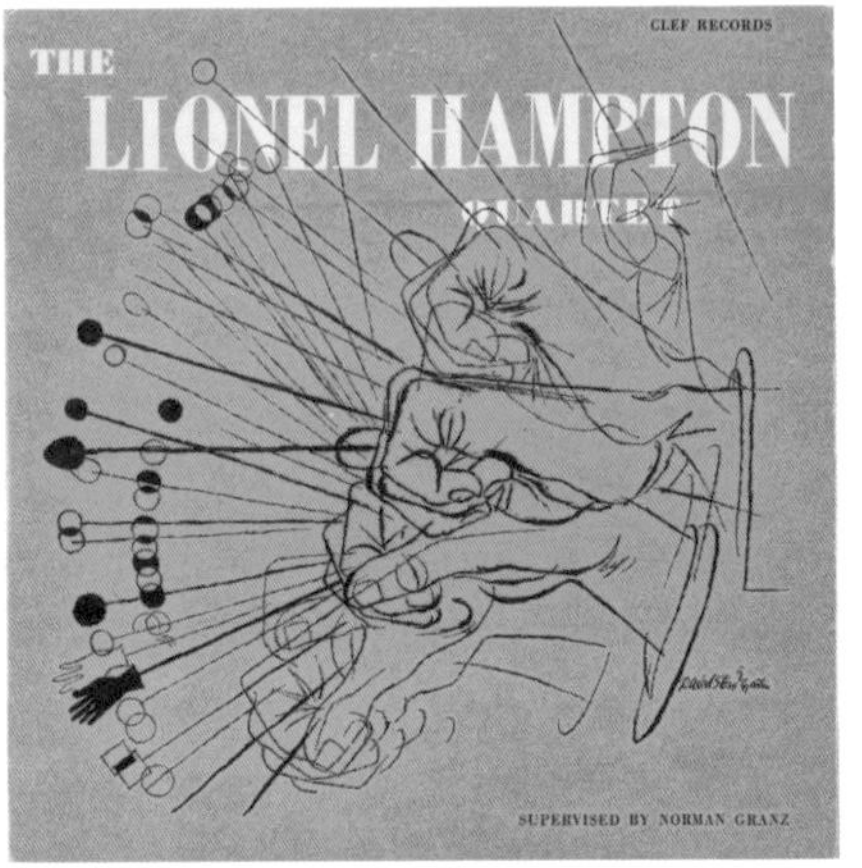

②

①はピーターソン、ブラウン、リッチのトリオを従えての演奏。「ストンピン・アット・サヴォイ」と「ニアネス・オブ・ユー」が裏表に一曲ずつ入っている。DSMのイラストは、ハンプトンの目にもとまらぬ素速いマレットさばきを視覚化している。よく見るとマレットの中に手袋をはめたものが一対混じっている。先っぽが真四角なものもある。こういう（時には子供っぽい）ユーモアの感覚もDSMならではのものだ。

②は日本編集の二枚組のレコード。これまでいろんなLPに散らばっていた、バディ・デフランコの入ったハンプトン・クインテットの演奏が、すべて一カ所にまとめられていて、とても便利だ。リズム・セクションはピーターソン、ブラウン、リッチ。録音は1954年4月13日に八曲、全部まとめておこなわれた。実に手っ取り早い。

バディ・デフランコはバップの流れを取り入れたモダン派の白人クラリネット奏者だが、おそらく彼をベニー・グッドマンに見立ててのバンド編成なのだろう。しかしデフランコはグッドマンとはひと味違う、若々しくホットな即興演奏を提供し、ハンプトンもそれを受けて火の出るようなソロを繰り広げる。ところどころで「やり過ぎじゃないか」という荒っぽいシーンも見受けられるが、それはそれで面白い。とくに「今宵の君は（The Way You Look Tonight）」におけるデフランコの腰の据《す》わったミディアム・テンポのソロは見事だ。またそれを受けたハンプトンのソロは実に健康的にスイングしている。そしてそれに続く、お互いのソロをくぐり抜けるような絶妙の絡み。こういう練れた大人の音楽が「一昔前のもの」と棚上げされていくのは淋しい限りだ。

③ハンプトンはビッグバンドを起ち上げ、その維持に心血を注いだ。自分の楽器だけでは表現しきれないものを、バンドを楽器として使いこなし、人々の前に実現させようとしたのかもしれない。荒々しいビートと、ワイルドなドライブ感がこのバンドの売りだった。1954年にヨーロッパ公演をしたときのメンバーは、クリフォード・ブラウン、アート・ファーマー、クインシー・ジョーンズ、ジジ・グライス、ジョージ・ウォーリントン……というものすごい顔ぶれだった。このレコードが吹き込まれたのはその翌年の1955年だが、そのときの有力メンバーはもう一人も残っていない。

このジャケットの絵がまた奇妙だ。酒のグラスらしきものを右手に持っている顔のない男。膝の上にもグラス（らしきもの）がひとつ置かれている。左手は奇妙な、無理を強いられる角度で背後にぐいと曲げられている。そして例によって裸電球がひとつ下がっている。この絵はいったい何を意味しているのだろう？

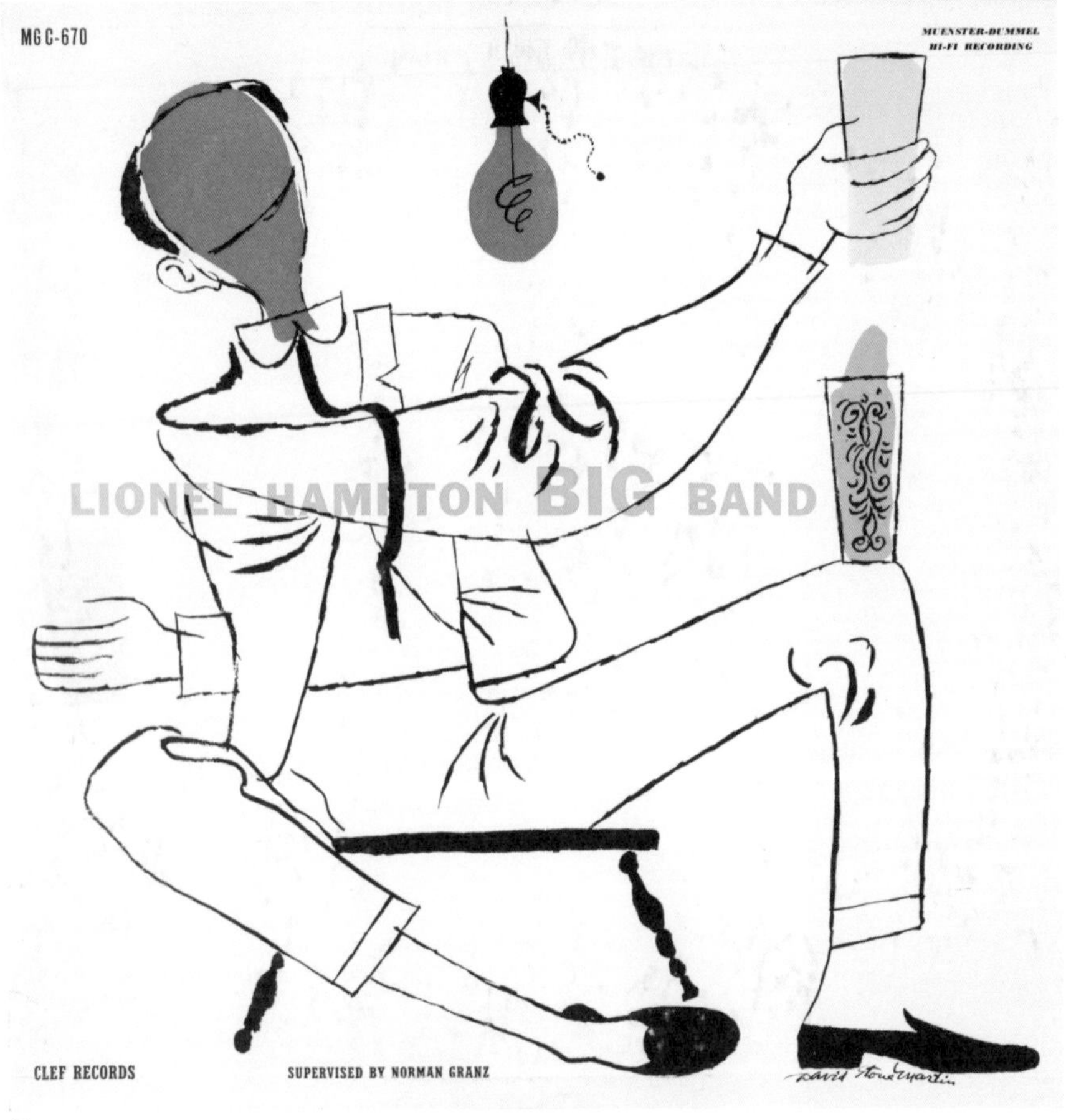
MG C-670
MUENSTER-DUMMEL
HI-FI RECORDING
LIONEL HAMPTON BIG BAND
CLEF RECORDS
SUPERVISED BY NORMAN GRANZ

③

タル・ファーロウ

（ギター）

Tal Farlow

① A Recital　Norgran MGN-1030
② The Tal Farlow Album　Verve MGV-8138
③ The Interpretations（国内盤）　Verve（日 Poly.MV-2032）

クレフ／ノーグラン・レーベルのギタリストといえば、まずタル・ファーロウの名前が頭に浮かぶ。オスカー・ピーターソン・トリオにはバーニー・ケッセルが在籍していたが、なぜかグランツは彼をリーダーとして起用することが（ほとんど）なかった。タル・ファーロウはその骨太な独特の音色で知られている。ちょっと聴けば「あ、これはタルだ」とすぐにわかる。油井正一氏は「義太夫の三味線を思わせる」と言っておられたが、まさにそのとおりだ。タルはクレフ／ノーグランから数多くのアルバムを出しているが、どれをとっても質は高い。無類のテクニシャンだが、１９５７年あたりにジャズ・シーンから姿を消し（詳しい理由は不明）、リジェンド化していたのだが、１９６７年に突然復活を遂げ、衰えのない見事な演奏を聴かせてくれた。楽譜はまったく読めなかったと言われている。

①はレッド・ノーヴォのトリオに参加しているときに、ツアーで立ち寄った西海岸で録音したもの。ボブ・ゴードン（バリトン）、ビル・パーキンズ

（テナー）、ボブ・エネヴォルドセン（ヴァルヴ・トロンボーン）といったウェスト・コーストの腕利きミュージシャンたちと楽しそうに共演している。おそらくは初顔合わせ、スタジオでヘッド・アレンジだけ決めて、あとは適当にみんなで即興演奏したのだろう。お行儀の良い西海岸のミュージシャンに混じって、タルはいつもの骨太音を遠慮なくびんびんと響かせている。ひょろりとした長身のタルの姿を、DSMは勢いよくすらりと描いている。手が大きく見えるが、実際にひどく大きかったということだ。タルは風貌がリンカーンによく似ていると言われたそうだ。

①

②オスカー・ペティフォード（ベース）、ジョー・モレロ（ドラムズ）という興味深いメンバーでの録音（1954年ニューヨーク）。バリー・ガルブレイスがセカンド・ギターとして参加しているのも面白い趣向だ。スタンダード曲が中心だが、タルのオリジナル「ギブソン・ボーイ」とペティフォードの作った名曲「ブルーズ・イン・ザ・クローゼット」がそこに挟み込まれる。ペティフォードのベースはまことに見事、軽快にスイングするタルの背中を気持ちよくプッシュしていく。旧世代の優れたベーシストたちは自然にこういうことができたんだ。

Verve
CLEF SERIES MGV-8138
HI-FI
T H E
TAL FARLOW
A L B U M
1954
POINSETIA

②

ＤＳＭはポインセチアの鉢をじっと眺める青年の姿を描いている。どうやら園芸好きの人のようだ。この絵がアルバムの中身と関係しているのかどうか、それは不明。

③これも①と同じく西海岸を訪れたときに録音されたもの。おそらくグランツがアレンジしたのだろう。クロード・ウィリアムソン（ピアノ）、レッド・ミッチェル（ベース）、スタン・リーヴィー（ドラムズ）というリズム・セクション。レッド・ミッチェルとはレッド・ノーヴォのトリオで一緒にプレイしていたから、気心は知れている。おそらく和気藹々《あいあい》としたセッションだったのだろう。クロード・ウィリアムソンは「西海岸のバド・パウエル」と呼ばれた人で、歯切れの良いピアノ・スタイルで知られている。全曲スタンダード、終始リラックスした雰囲気で録音を終えたようだ。タルはここでは低音を中心に、いつにも増して骨太な音を響かせている。タル・ファーロウの亡くなったあと、こんな一本気な、まっすぐな音を出すギタリストは二度と出てこなかったなと、つい懐かしく思ってしまう。

青いギターを弾く男。ＤＳＭのこのジャケット絵は、どことなくピカソの構図を思わせる。弦が一本しか描かれていないところがユニークで素敵だ（これは弦なのかな？）。

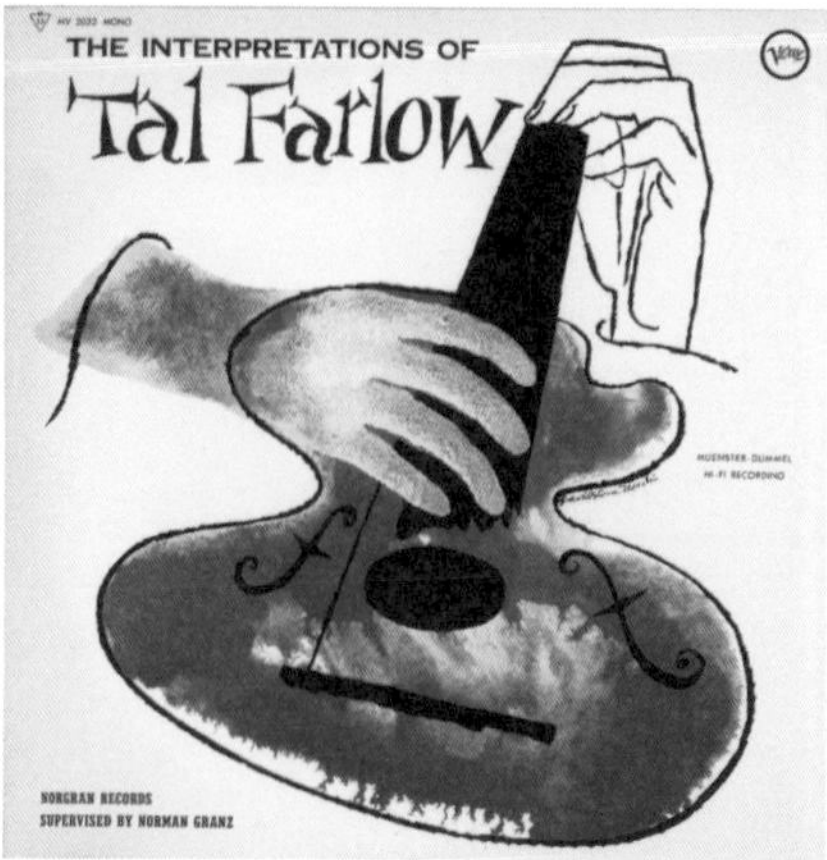

③

ジーン・クルーパ

（ドラムズ）

Gene Krupa

① Gene Krupa Trio Collates (10″)	Mercury MGC-121
② Gene Krupa Trio at JATP	Clef MGC-600
③ Gene Krupa Quartet	Clef MGC-668
④ Gene Krupa Sextet (10″)	Clef MGC-147

グランツの誇る三人の専属大物ドラマー、ジーン・クルーパとバディー・リッチとルイ・ベルソン、三人の共通点はかなり派手なドラミングを好んだこと。そしてビッグバンド経営に執念を燃やしたことだ。中でもいちばん派手だったのがジーン・クルーパ。もともとはベニー・グッドマンのバンドで人気が高まったのだが、独立して自分のビッグバンドを持った。バンドは経営的にあまり成功しなかったけれど、アニタ・オデイとロイ・エルドリッジを擁した時代の評価が高い。ジェリー・マリガン（当時18歳）も一時期このバンドに参加し、楽曲とアレンジメントを提供していた。

①のジャケット、黒々とした筆の線でぐるっと大きな円が描かれ、それがバス・ドラムになっている。その上にシンバルが見える。なんだか水墨画の世界みたいだ。ジーン・クルーパのトリオは、チャーリー・ヴェンチュラの各種サキソフォンと、ピアノのテディー・ナポレオンというメンバー。この三人組は一世を風靡したが、今となってはコーニーという

①

②

か、はっきり言って「クサい」。クルーパは一時期、日本で「ジーン・くるくるパー」と呼ばれていた。でもジャケットに惹かれて、ついふらっとレコードを買っちゃうんだけどね。

②は同じトリオのメンバーでＪＡＴＰに出演したときの演奏。箱入りで売っていたものをそれだけ抜き出して、一枚の12インチＬＰにした。観客の盛大な拍手・歓声を聞くと、このバンドが聴衆に大受けしていたことがわかる。「ボディー・アンド・ソウル」におけるヴェンチュラのソロはなかなか聴かせるが。

このレコードのジャケットは前にも述べたエリザベス・ドウバーとの共作だ。ジャケットにはどちらの署名も入っていないが、線画のラインといい、独特の文字使いといい、裸電球が下がっているところといい、まさにＤＳＭの世界だ。バス・ドラムの部分に牛が水浴びしている川辺の光景の細密画が貼り付けられているが、何か意味があるのだろうか？　とくにないと思うけど。

③はクルーパ楽団が解散を余儀なくされたあと、スモール・コンボを組んでいた時代のもの。エディー・シュー（テ

ナー・サックス)、ボビー・スコット(ピアノ)、ジョン・ドリュー(ベース)というメンバー。クルーパのドラムズはおおむね控えめで好感が持てるが、共演ミュージシャンたちの柄《がら》がそれぞれに小ぶりで、出来上がった音楽にもとくに新鮮味、面白みは感じられない。

このジャケットを見るたびに、クルーパさんがお箸《はし》を持って、「さあこれから美味しいものを食べよう」と意気込んでいるみたいに思えてしまう。よく見るとお箸の形が変というか、もちろんドラム・スティックです。でもこの幸福そうな顔が人柄を物語っているかもしれない。

④このセクステットにはベニー・グッドマン時代の僚友、テディー・ウィルソンが加わっていて、それだけで雰囲気がずいぶん違ってくる。彼のソロが音楽のあり方をうまくすらっと落ち着かせてくれる。さすがというか、やはりたいしたものだ。ほかにはベン・ウェブスターと、チャーリー・シェイヴァーズと、ビル・ハリスと、レイ・ブラウンという豪華メンバー。クルーパのドラミング、派手なことはたしかに派手だけど、センスの良さがきらっと光る部分がいくつもあり、楽しめるアルバムになっている。数多くのドラム・スティックが宙を舞っているジャケット絵も素敵だ。

③

#1
the GENE KRUPA sextet
HI-FI
RECORDING
SUPERVISED BY
NORMAN GRANZ
CLEF RECORDS
④

バディー・リッチとルイ・ベルソン
（ドラムズ）

Buddy Rich and Louie Bellson

① Buddy Rich; Sing and Swing with Buddy Rich	Norgran MGN-1031
② Buddy Rich; Buddy and Sweets	Norgran MGN-1038
③ Louie Bellson; The Driving（10″）	Norgran MGN-1020
④ Louie Bellson; Journey into Love	Norgran MGN-1007

バディー・リッチはもともとドラマー兼シンガーとして売り出した人だが、途中から「二《に》兎《と》を追う」ことをやめ、ドラマーに専念することにした。同じ時期にやはり「歌うボーイ・ドラマー」として活躍していたメル・トーメは歌手の道を選んだ。どちらもたぶん正しい判断だったのだろう。

しかしバディーさんもドラマーとして成功を収めてから、やはりまた歌が歌いたくなったのだろう、歌手としてのレコードを何枚か出している。①はタイトルの示す通り、歌手サイドとオクテット・サイドを半分ずつ収めている。歌手としてのリッチはそれなりに上手ではあるけれど、個性の芯みたいなものが今ひとつ見当たらず、続けて聴いているとわりに飽き

①

MG N – 1038
BUDDY RICH AND SWEETS EDISON
NORGRAN RECORDS
muenster-dummel
HI-FI
recording
SUPERVISED BY NORMAN GRANZ
②

③
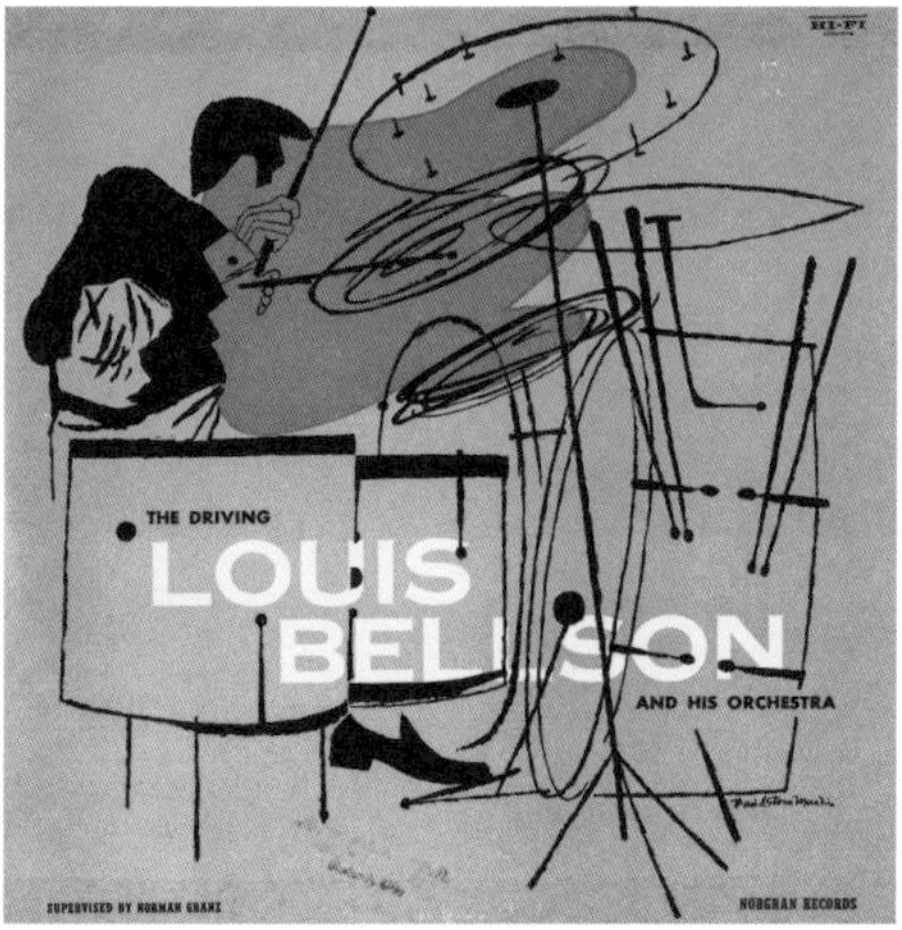

る。その点ドラミングの方は個性ばりばりの優れものだ。スタイルとしては古いが、音楽が意外に古くさく聞こえないところがこの人の美点だ。「バード・アンド・ディズ」におけるド派手なドラミングがその好例。日本ではバディー・リッチの評価はあまり高くないみたいだが、僕は個人的に好きだ。

②のジャケットでは、嬉々としてドラムを叩き回るリッチの姿が生き生きと描かれている（真っ赤なシャツに、真っ赤なライド・シンバルがかっこいい）。ハリー・エディソンとバディー・リッチの共演を支えるのはジミー・ロウルズとバーニー・ケッセル、ジョン・シモンズ。A面B面のそれぞれ一曲目で、バディーはかなり長い強烈なドラム・ソロをとるが、後の部分は比較的おとなしく、おおむね趣味良くグループ・プレイに徹している。それでもなお、この人の強烈なプッシュ力は見逃しようもないのだが。

③ルイ・ベルソンはエリントン楽団で活躍したドラマー。当時は珍しい2バス・ドラムが彼のトレードマークだった。1950年代は自己のバンドを率いて、クレフ／ノーグラン・レーベルにも多くの録音を残した。このアルバムの半分はチャーリー・シェイヴァーズ（トランペット）、セルダン・パウエル（テナー）を配したクインテット編成、あと半分は五人のパーカッショニストを加えたクインテット、管楽器はフルートにバス・クラリ

ネットというちょっと不思議な編成になっている。ラテン・リズムを追求した意欲作。モンド・ミュージックとして聴いたらけっこう面白いかも。

④のジャケット絵はいつものDSMと画風が違っている。"Journey Into Love"というタイトルに合わせて描かれた絵なのだろう。裸の男女が手を繋いで、コズミックな波の中に足を踏み入れていく。遠くには木星みたいな天体も見える。なんとなく美大の学生が描いた習作みたいにも見えるけど……。

レコードの内容はドラマ仕立てで、偶然巡り会った男女が互いに惹かれあい、結ばれるという筋書きになっている。十曲中八曲がベルソンのオリジナル曲で、そこにマントヴァーニ楽団風のオーケストラ伴奏が付く。ジャズ・ファンは避けて通った方が賢明なアルバムだろう。1950年代にはこういう奇妙な（多くの場合はた迷惑な）実験音楽みたいなものがけっこう流行った。僕はジャケット目当てで、ついふらふらと買ってしまったけど。いずれにせよ、あまり見かけることのないレコードだ。

④

カウント・ベイシー

Count Basie

① Count Basie; Big Band (10″)	Clef MGC-148
② Basie	Clef MGC-666
③ Count Basie Swings Joe Williams Sings	Clef MGC-678
④ Dance Session #1 (国内盤)	日 Verve MV-2608
⑤ Dance Session #2	Clef MGC-647
⑥ And His Orchestra (10″)	Clef MGC-120

ヴァーヴ・レーベルのカウント・ベイシーというと「ベイシー・イン・ロンドン」とか「エイプリル・イン・パリス」といった1950年代半ばに入ってからのものが有名だが、この六枚は1950年代前半に吹き込まれたものだ。一時期バンドの解散を余儀なくされ、クラーク・テリーやウォーデル・グレイ、デフランコ、サージ・チャーロフといったモダン派のミュージシャンを迎えたスモール・グループ中心に活動していたベイシーは、ここでもう一度新たにビッグバンドを結成し、クレフ・レコードと契約を結び、心機一転まき直しを図る。バンドのスタイルも旧来の花形ミュージシャンのソロ中心の演奏から、アレンジメント重視の演奏へとシフトしていく。メンバーの中心になるのはフランク・フォスターとフランク・ウェスという二人のテナー奏者、いわゆる「二人のフランク」だ。そしてジョニー・マンデル、ニール・ヘフティ、アーニー・ウィルキンズといった腕利きの（当時の）若手アレンジャーが登用される。このクレフ時代のあと、ベイシーはル

ーレット・レーベルに移ってますます調子を上げ、快作を連発する。だからこのクレフ時代の何枚かのアルバムは、エンジンがかかったばかりのベイシー楽団の鮮やかな記録と言っていいかもしれない。演奏の質は高い。

①いかにもＤＳＭらしいシンプルなラインで描かれたドラマーの姿。絵自体が軽快にスイングしている。もちろん中身の音楽も負けずにフル・スイングしている。

②ではベイシー御大の顔が大きくフィーチャーされている。そのパワフルな顔つき（耳だけが宙に浮いている）が、バンドのサウンド自体を表していると言わんばかりに。二人のフランクを大々的にフィーチャーした“Two Franks”がノリノリで楽しい。１９５５年のリリース。

③では歌手のジョー・ウィリアムズがフィーチャーされる。ウィリアムズはジミー・ラッシングの後継者として当時注目を浴びていた若手黒人歌手だ。ベイシー楽団のパワフルなサウンドに負けない、力強い歌唱が売り物だ。声も若々しく、糖蜜のように滑らかだ。そして間違いなくしっかりブルーズが歌える。アルバムに収められた九曲中六曲を、フランク・フォスターが編曲している。このジャケットでもベイシーの顔が大きく描かれている。音楽に聴き入るように目を閉じている。そしてその脇には、気持ちよさそうに歌って

①

②

MG C-666
MUENSTER-DUMMEL
HI-FI RECORDING
Basie
CLEF RECORDS
SUPERVISED BY NORMAN GRANZ

COUNT
BASIE
SWINGS
JOE
WILLIAMS
SINGS
HI-FI

③

④

⑤

いるジョー・ウィリアムズの姿。
　④⑤の「ダンス・セッション」はシリーズの第一弾と第二弾。１９５２年から54年にかけての録音。＃２はクレフのオリジナル盤が手に入ったが、＃１は国内盤。「ダンス・セッション」と銘打っているが、とくにダンス音楽に特化しているわけではない。いつもお馴染みのカウント・ベイシー・ミュージックだ。もちろん音楽に合わせて踊りたければ、踊ることはできるが、決してそのためだけに作られた音楽ではない。グランツはライナーノートで「良きジャズとは踊ることのできるものだし、またそうでなくてはならない。そしてカウント・ベイシーはそのことを証明している」と述べている。そんな平和な時代はそう長くは続かなかったわけだが。
　この二枚に収められているのは、ほとんどすべてアルバムのために書き下ろされたオリジナル曲で、いわゆるスタンダード曲は使われていない。この時期のベイシーが楽団経営に本腰を入れていたことがよくわかる。

　ＤＳＭはこのシリーズのために、中世風の衣装を着た男女の踊る姿を描いている。ベイシーの音楽とはもうひとつ馴染まないみたいだけど、素敵なデザインだ。

⑥は１９５２年の録音。ジョー・ニューマンのトランペット、ポール・クイニシェットとエディー・デイヴィスのテナー、ヘンリー・コーカーのトロンボーンと手堅い布陣で軽快にスイングするベイシー楽団。ＤＳＭは珍しくペンを使うことなく、ブラシだけでピアノを弾くベイシーの姿を大胆に描いている。

⑥

ディキシーランド・ジャズ

Dixieland Jazz

① George Lewis; Oh, Didn't He Ramble　Verve MGV-8325
② Kid Ory; Dance with Kid Ory or Just Listen　Verve MGVS-6125
③ Kid Ory; Plays W.C.Handy　Verve MGV-1017
④ Santo Pecora; Collates　Clef MGC-123
⑤ Al Hirt; Jazz Band Ball　Verve MGV-1012
⑥ Clancy Hayes; Sings　Down Home MGD-3
⑦ Meade Lux Lewis；Cat House Piano（ドイツ盤）　独 Verve 511-041

グランツは「ディキシーランド・ジャズは私の好みの音楽とは言えない」と書いていたが、その割にはトラディショナル・ジャズのレコードも熱心に制作している。当時は「ニューオーリンズ・ジャズ復興」運動も盛んで、グランツのビジネスマンとしての側面が、マーケットの好みを無視できなかったのかもしれない。ただ軽佻浮薄《けいちょうふはく》で商業主義的なディキシーランド・ジャズには我慢ならないということだ。

そういう意味では①のジョージ・ルイスなんかは、彼の許容範囲にうまくはまるミュージシャンかもしれない。ルイスはバンク・ジョンソンと並んで、ニューオーリンズ・ジャズの伝統的魂を引き継いだ最後のミュージシ

①

②

③

ャンの一人だ。ルイス（クラリネット）とジム・ロビンソン（トロンボーン）の絡みはナチュラルで素晴らしい。僕は高校時代に来日したジョージ・ルイス・バンドの演奏を聴きに行ったが、そのときのことをよく覚えている。ニューオーリンズ・ジャズのファンにはならなかったけど、それはそれで心を打つ素敵な演奏だった。聴いておいてよかった。

②③キッド・オーリーはジョージ・ルイスより年上だが、どちらかというより若々しい印象がある。新しい風を取り入れつつ、ニューオーリンズ・ジャズの伝統を少しでも良い形で継承しようと努めた人だ。トロンボーンのスライドを大きく広く動かす、テイルゲート奏法の創始者と言われる。ルイスやジョンソンの音楽に比べると、かなり聴きやすいニューオーリンズ・ジャズになっている（時にはいささかコマーシャルな方向に流れることもあったが）。「プレイズ・W・C・ハンディー」はとりわけ優れた内容の本格的な演奏だ。

それにしても、DSMはニューオーリンズ系のレコード・ジャケット絵はけっこう「身を入れて」描いているよ

④

SANTO PECORA COLLATES
CLEF RECORDS
SUPERVISED BY NORMAN GRANZ

Dan's
PIER 600
AL HIRT'S BAND
JAZZBAND
BALL

⑤

うな気がする。こういうトラディショナル系の音楽を個人的に好きだったのかもしれない。
④サント・ペコーラは1920年代からニューオーリンズで演奏活動を行っていたトロンボーン奏者。純ニューオーリンズ派だ。グランツは実際にニューオーリンズまで足を運んでペコーラの演奏を耳にし、その演奏から強い印象を受けたと書いている。このレコードは1950年の録音、クラリネットはピート・ファウンテンが吹いている。
DSMのジャケット絵も素晴らしいですね。三人の通行人が楽器店の前で立ち止まって、楽器を熱心に見つめている。一人は黒人の男の子だ（裸足だ）。一人はたぶん大工なのだろう、鋸《のこぎり》と道具箱を持っている。楽器店のウィンドウの前で立ち止まる人々の姿は、DSMの絵のひとつのパターンだが、この時代には楽器は人々の生活に、今よりももっと密着していたのかもしれない。音楽環境は今みたいに「演奏する人」と「それを聴く人」とにはっきり分断されてはいなかったのかもしれない。そんなことを思わせる絵だ。
⑤アル・ハートはニューオーリンズを中心に活動を続けた白人トランペッター。幼いウィントン・マルサリスにトランペットをプレゼントしたことで知られている。お父さんのエリス・マルサリスがハートに、息子がトランペッターになりたいと言ってるんだと話したところ、すぐに子供用の楽器をプレゼントしてくれた。マイルズ・デイヴィスは「ふん、トランペットは簡単な楽器じゃない」とすげなく言い捨てただけだそうだ。それぞれの人柄がよく出ている逸話だ。
漫画風のアル・ハートさん。彼は絵にあるように、「Dan's Pier 600」という店を根城《ねじろ》にして演奏していた。バーボン・ストリートの端っこにある店だ。ここでもピート・ファウ

ンテンがクラリネットを吹いている。

⑥ノーマン・グランツはトラディショナルなジャズのために「ダウンホーム（Down Home）」というレーベルを作ったが、それほど多くのレコードはここからリリースされていない。ＤＳＭがデザインしたレーベルはなかなか素敵なのだが。歌手クランシー・ヘイズがルー・ワッターズのバンドをバックに、自らもバンジョーを弾きながらトラディショナルな黒人愛唱歌を楽しそうに歌う。ジャケットは素敵だが、色も図柄もＪＡＴＰ＃13（Ｐ１３５）とほぼ同じ。

⑦のミード・ラックス・ルイスはヴァーヴ・レーベルから１９５７年に発売されたMGV-1006のドイツ盤。cat houseは売春宿のこと。もちろんジャケットには娼婦と猫の絵が描かれている。

⑥

⑦

その他の楽器など

① Ralph Burns; Free Forms (10″)　Mercury MGC-115
② Ralph Burns; Among the JATPs　Verve MGV-8121
③ Slim Gaillard; Opera in Vout (10″)　Mercury MGC-506
④ Slim Gaillard; Mish Mash (10″)　Mercury MGC-126
⑤ Django Reinhardt; The Great Artistry (10″)　Clef MGC-516
⑥ Machito; Afro Cuban Jazz (フランス盤)　仏 Verve 817-445-1
参考　Tony Scott/Mat Matthews; Jazz for G.I.'s (10″)　Brunswick BL-58057

①ラルフ・バーンズは作曲家／アレンジャーとして当時とても評価の高かった人だ。ウディー・ハーマン楽団時代の「ビジュー」「サマー・シークエンス」「アーリー・オータム」などの作品で大いに名前を売った。多くのレコード会社がこぞって彼に作曲や編曲を依頼した。しかし僕の知る限り、ハーマン楽団を離れてからの彼の作品には、それほど印象に残るものはなかったような気がする。たしかにスタン・ゲッツのソロを配した「アーリー・オータム」はジャズ史に残る名曲（名演）ではあるけれど。

②はＪＡＴＰで活躍しているソロイストたちに、ラルフ・バーンズがそれぞれの音楽的個性を考慮して作ったオリジナ

①

RALPH BURNS AMONG THE JATPs
CLEF SERIES MGV-8121
A PANORAMIC TRUE
HI-FI
RECORDING
supervised by norman granz

②

③

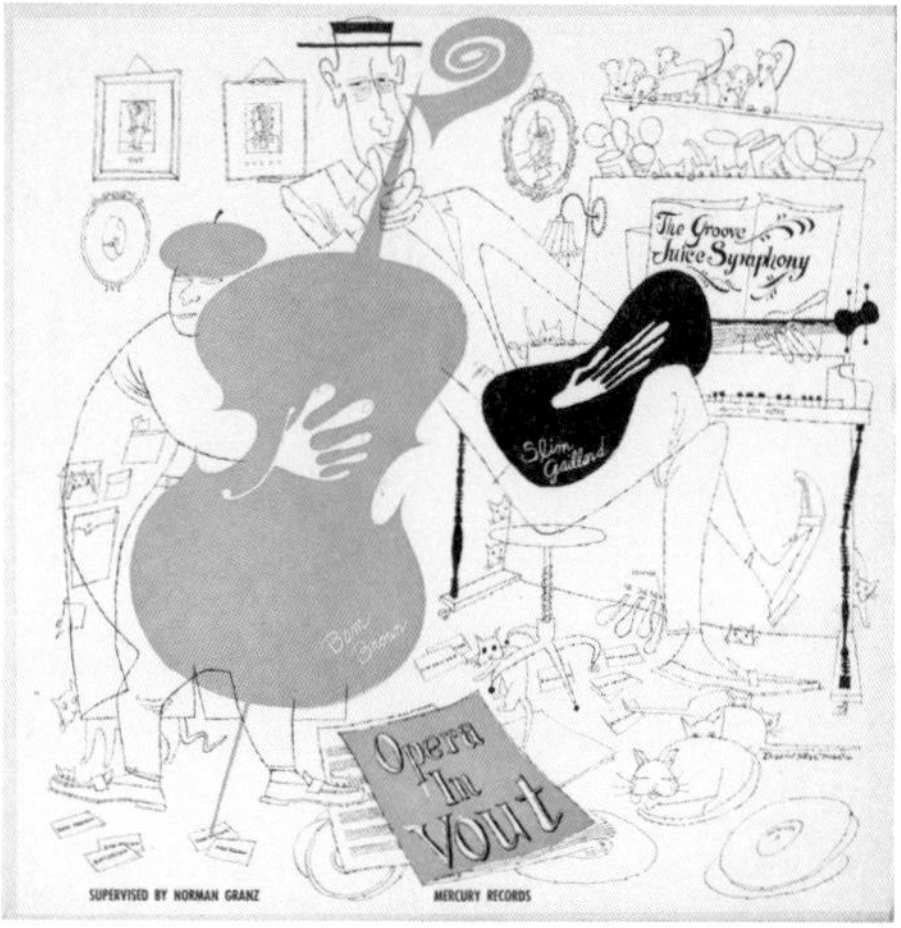

ル曲を演奏させるという趣向のものだ。アレンジメントももちろんバーンズがおこなっている。１９５５年録音。フィーチャーされるメンバーは、オスカー・ピーターソン、フリップ・フィリップス、ロイ・エルドリッジ、ジミー・ハミルトン、ビル・ハリス、レイ・ブラウン、ルイ・ベルソンという面々だ。ただ提供される曲があまり面白いものでもないので、演奏にもそれほど興味は惹かれない。当時は作風が斬新だったのかもしれないが、今となってはいささかの退屈を感じてしまう。ただビル・ハリスは自分のペースで、のんびりとトロンボーンを吹いて、するめを噛むような良い味を出している。

譜面を書くのに疲れ果てて、ベッドに寝転んでいるのはバーンズの姿なのだろうか？時計は12時15分を指している。たぶん夜中だろう。

③はスリム・ゲイラード（ギターとピアノ、その他の楽器）とバム・ブラウン（ベース）のコミック・アクト。二人で楽器を弾きながら滑稽《こっけい》な歌を歌う。ゲイラードはやろうと思えば真面目なジャズもできる人だが、こういうお茶《ちゃ》らかも得意だ。レコードで聴いているかぎり、それほど面白いとも思えないが、客席は大いに沸いている。芸達者な人なのだ。１９４６年４月に行われたＪＡＴＰで録音されたもので（同じ日の少し前にビリー・ホリデイの素晴らしいステージがあった！）、10インチ盤の片面に収められ（オリジナルはアッシュから出されたＳＰ

④

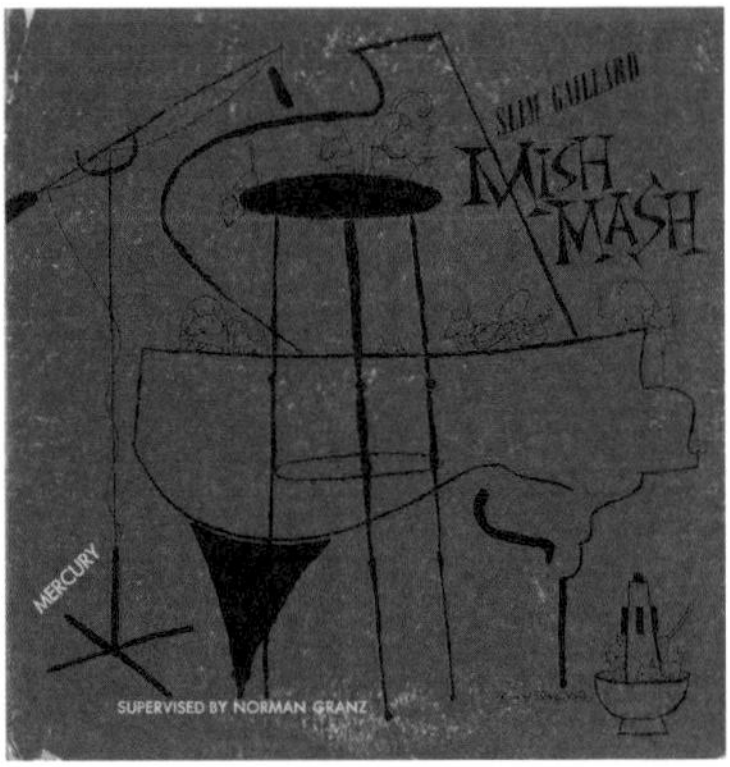

⑤

盤）、もう片面はミード・ラックス・ルイスのブギヴギ・ピアノ演奏になっている（こちらは「ピアノいろいろ」の項を見てください）。このジャケット、猫が無数に出てくる。すべて白猫。鼠も七匹いるが、猫たちは目もくれない。ピアノにはペダルのかわりに、自動車のギアがついている。まるで中学生のノートの落書きみたいだけど、なんだか楽しそうだ。

④はスリム・ゲイラードがグランツのためにおこなったいくつかのセッションの寄せ集め。グランツはライナーノートに「今日の音楽シーンにおいて、彼ほど多彩な才能を持ったものはいない」と書いている。このジャケットにも猫がたくさん描かれている。全部で十三匹。

⑤はジャンゴ・ラインハルトのグループの演奏。おそらくフランス原盤を買い付けてアメリカでの販売権を得たのだろう。DSMは少年がギターを弾く光景を描いている。自分の息子をモデルにして描いたということだ。ラインハルトには直接会ったことがないので、きっと描きづらかったのだろう。でも優しい温かみの感じられる素敵な絵ですね。この10インチ盤の八曲は、"Jazz from Paris"というヴァーヴの12インチ盤の片面に収められている。

⑥マチート楽団にチャーリー・パーカーとフリップ・フィリッ

⑥

プスとバディー・リッチがゲストとして加わった演奏。「チャーリー・パーカー」の項で紹介した10インチ盤と内容は同じだ。白人と黒人が腕を一本ずつ天に向けて差し出している。バックは燃えるような情熱の赤。

参考 もうひとつおまけ。"Jazz for G.I.'s" というブランズウィック(Brunswick)・レーベルの10インチLP。でもこれはなんとDSMの描いた絵ではない。F・スコットという署名がある。しかしこれ、②のラルフ・バーンズのジャケット絵に酷似していると思いませんか?

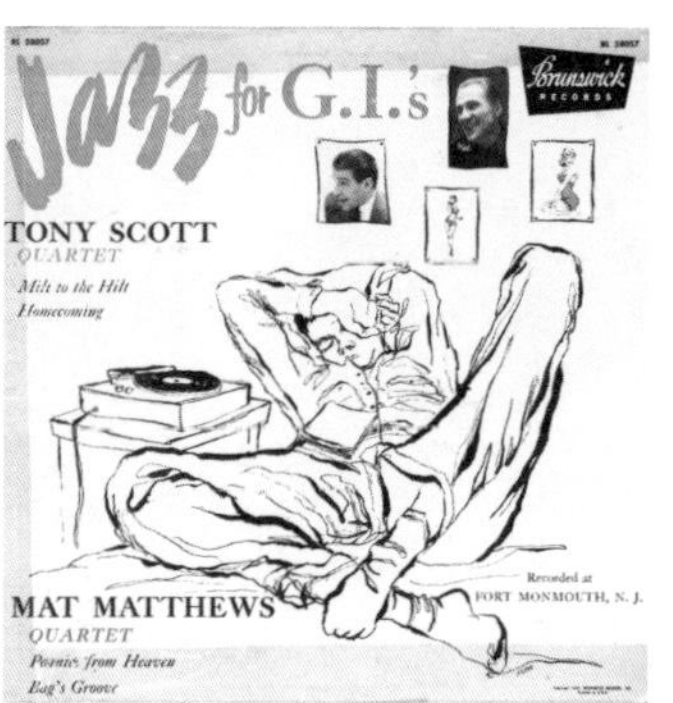

参考

コンピレーション

① Alto Sax　Norgran MGN-1035
② Tenor Saxes　Norgran MGN-1034
③ Swing Guitars　Norgran MGN-1033
④ Piano Interpretations　Norgran MGN-1036
⑤ The Verve Collector's Item（国内盤 box）　Verve（日 Poly.KA-8306）
⑥ An Evening of Jazz（国内盤）　Verve（日 Poly.POJJ-1571）
参考　Sonny Criss/Tommy Turk Collates（10″）　Clef MGC-122

前にも述べたように、クレフ／ノーグラン・レーベルはＳＰ、ＥＰ、10インチ盤、12インチ盤と様々な様式で、ばらばらに音楽を商品化してきたし、ノーマン・グランツは手持ちの録音を気まぐれにあちこち出し入れしたり、切り貼りしたりする癖があるので、これらのコンピレーションに収められたトラックの元のセッションを探り当てるのはけっこう面倒な作業になる。未発表のものなのか、別テイクなのか、あるいは既出トラックの寄せ集めなのか、ジャケットにはそれらしい説明はまったく記されていない。不親切なのか、投げやりなのか。

①アルト・サックスのコンピレーションに収められているのは、チャーリー・パーカー、ベニー・カーター、ジョニー・ホッジズ、ウィリー・スミスの四人。バップ派のピアニスト、ドド・マーマローサが参加したウィリー・スミスのグループの興味深い四トラックは１９４７年に録音され、マーキュリー・レコードからＳＰ盤として発売された。優秀なリズム・セクションを得たスミスの艶《つや》やかで、流れ

MG N-1035
ALTO SAX
BENNY CARTER
CHARLIE PARKER
JOHNNY HODGES
WILLIE SMITH
MUENSTER-DUMMEL
HI-FI RECORDING
SUPERVISED BY NORMAN GRANZ
NORGRAN RECORDS

①

②

③
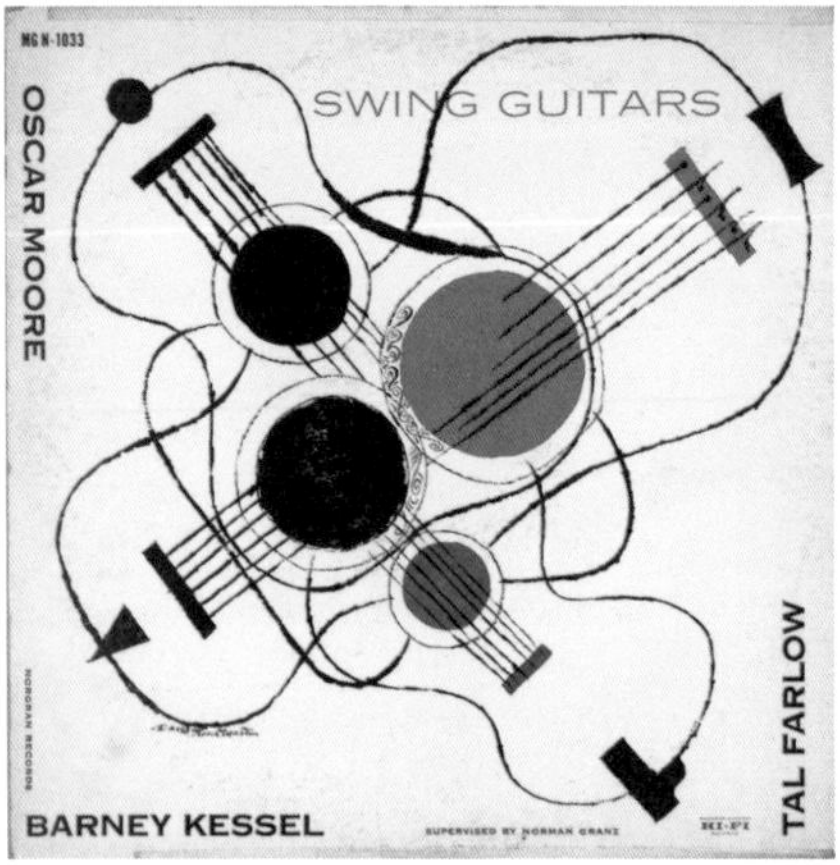

の良いソロは聴きごたえがある。

　赤と黄色と黒で描かれたアルト・サックスのジャケット絵は、ぱっと明るく人目を惹く。

　②のテナー・サックス編にはスタン・ゲッツ、レスター・ヤング、コールマン・ホーキンズ、フリップ・フィリップス、イリノイ・ジャケー、ベン・ウェブスター、チャーリー・ヴェンチュラの七人が名を連ねている。グランツの誇る豪華重量級テナー陣だ。ジミー・ロウルズとマックス・ローチの参加したスタン・ゲッツの二つのトラックは、その時点では未発表のものだった。ホーキンズの二曲は特別限定盤SP"The Jazz Scene"のために録音されたもの。

　このアルバムのジャケット絵は、赤と黒と白で描かれたテナー・サックスだ。

　③のギター編にはタル・ファーロウとオスカー・ムーアとバーニー・ケッセルの三人が収められている。タル・ファーロウのものは「ザ・タル・ファーロウ・アルバム」からの単なる流用だが、ムーアとケッセルのトラックは（この時点では）未発表の貴重なものだ。なぜかグランツはケッセルのリーダー・セッションをこの四曲しか録音してい

ない（１９５２年）。ケッセルが西海岸を離れたがらなかったというのが、どうやらその理由らしいが、ここではシェリー・マンをドラムズに迎え、軽快にスイングする快演を聴かせる。ケッセルはこのあとコンテンポラリー（Contemporary）・レコードと契約を結び、質の高いリーダー・アルバムを発表し続けることになる。

オスカー・ムーアはナット・キング・コールのギタリストとして名を売った人で、趣味の良いプレイを聴かせてくれるが、グランツはその日のセッション（１９５５年）で、これもやはり四曲分しか録音していない。不思議と言えば不思議だ。何か事情があったのかもしれない。このレコードのジャケットには赤と青と黒のギターが、重なるように描かれている。

④

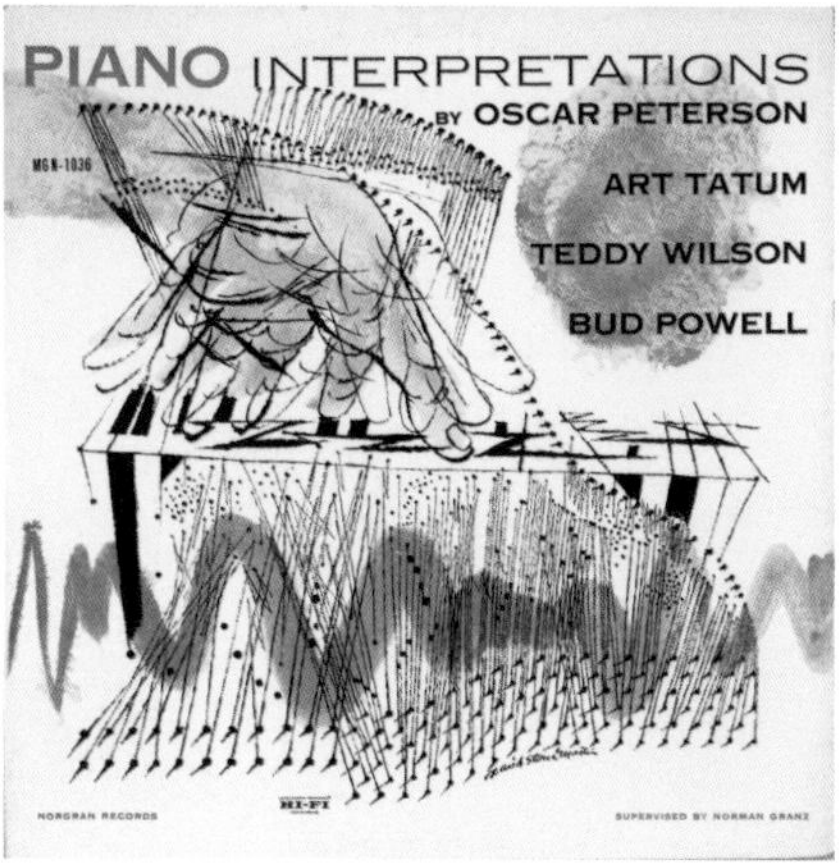

④のピアノ編はアート・テイタム、バド・パウエル、オスカー・ピーターソン、テディ・ウィルソンという看板ピアニストを揃えているが、トラックはどれも既発のもので、とくに目新しいものはない（と思う）。ただA面の五、六曲目にはウィルソンとパウエルの弾く「二人でお茶を」が続けて収められており、比較しながら聴くのは興味深い。どちらも優劣つけがたく優れた演奏だけど。

アルト編、テナー編、ギター編、ピアノ編の、この四枚のコンピレーション・アルバムはひとつのセットとして企画され、デザインされている。レコード番号も連番だし。

⑤

⑥

⑤は日本編集の四枚組ボックス。それまで手に入りにくかったヴァーヴ系の半端な（しかし貴重な）音源をひとつに集めてくれて、とてもありがたかった。ライナーノートの説明も親切丁寧だし。金色のジャケットにはリュートを持ったミューズの姿を描いたＤＳＭの素敵な絵が使われているがこの絵は10インチ盤"The Jazz Scene"（Clef MGC-674）のジャケットから流用されたものだ。

⑥はトミー・ターク（トロンボーン）のバンドと、ソニー・クリス（アルト・サックス）のバンド、それに「ザ・シックス」という、10インチで出ていた三つのグループの演奏をまとめて12インチ化したもので、内容的にいかにもとりとめがない。現代のリスナーの大部分にとって最も興味を惹かれるのはやはりソニー・クリスの演奏した四曲だろう。１９４9年の録音で、ソニーもピアノのハンプトン・ホーズもまだ若く、バップの影響をしっかり全身に受けている。とくにソニーはパーカーにそっくりだ。

ジャケットの駱駝《らくだ》三匹はなかなかユーモラスで、意味ありげだ。三つのバンドはそれぞれに好きな方向を向いている。

参考 ちなみにソニー・クリスとトミー・タークのオリジナル10インチ盤は、僕の知る限りクレフ・レコードの中では最も無愛想な、手抜きデザインのジャケットだった。参考のためにあげておく。

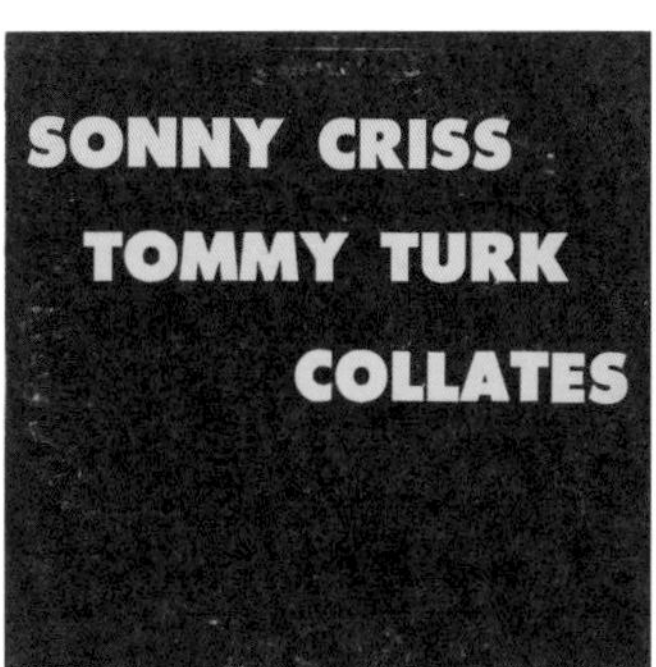

参考

ビリー・ホリデイ

（ヴォーカル）

Billie Holiday

① Billie Holiday Sings（EP） Clef EP-145
② All or Nothing at All Verve MGV-8329
③ Recital Verve MGV-8027
④ Music for Torching Clef MGC-669
⑤ At Jazz at the Philharmonic（国内盤） Verve（日 Poly.MV-4025）

いちばん好きな女性ヴォーカリストは？　と質問されると、いつも返答に窮《きゅう》してしまう。僕はビリー・ホリデイをジャズ・ヴォーカリストとして最も高く評価しているが、彼女はもう別格の存在であって、「いちばん好き」とかそういう範疇にはとても入ってこないからだ。優れたヴォーカリストは世間に数多くいるが、百回聴いても聴き飽きしない歌手はビリー・ホリデイしかいない。

僕が最も高く評価し、愛聴している彼女のレコードは、米コロンビアから出ている二つの三枚組ＬＰレコード（Golden Years #1, #2）だが、ノーマン・グランツ氏が切々と録音し続けた晩年の彼女のアルバムも、長年にわたって大事に聴き続けている。麻薬のために声は劣化しているが、そのぶん人間性の生《なま》の芯のようなものが、より露わになっているからだ。もちろんそれは、時として聴くものの心を締めつけることになるのだが。

ＤＳＭはビリー・ホリデイのアルバムの絵を描くときはいつも、いくぶんエモーショナルになってい

①

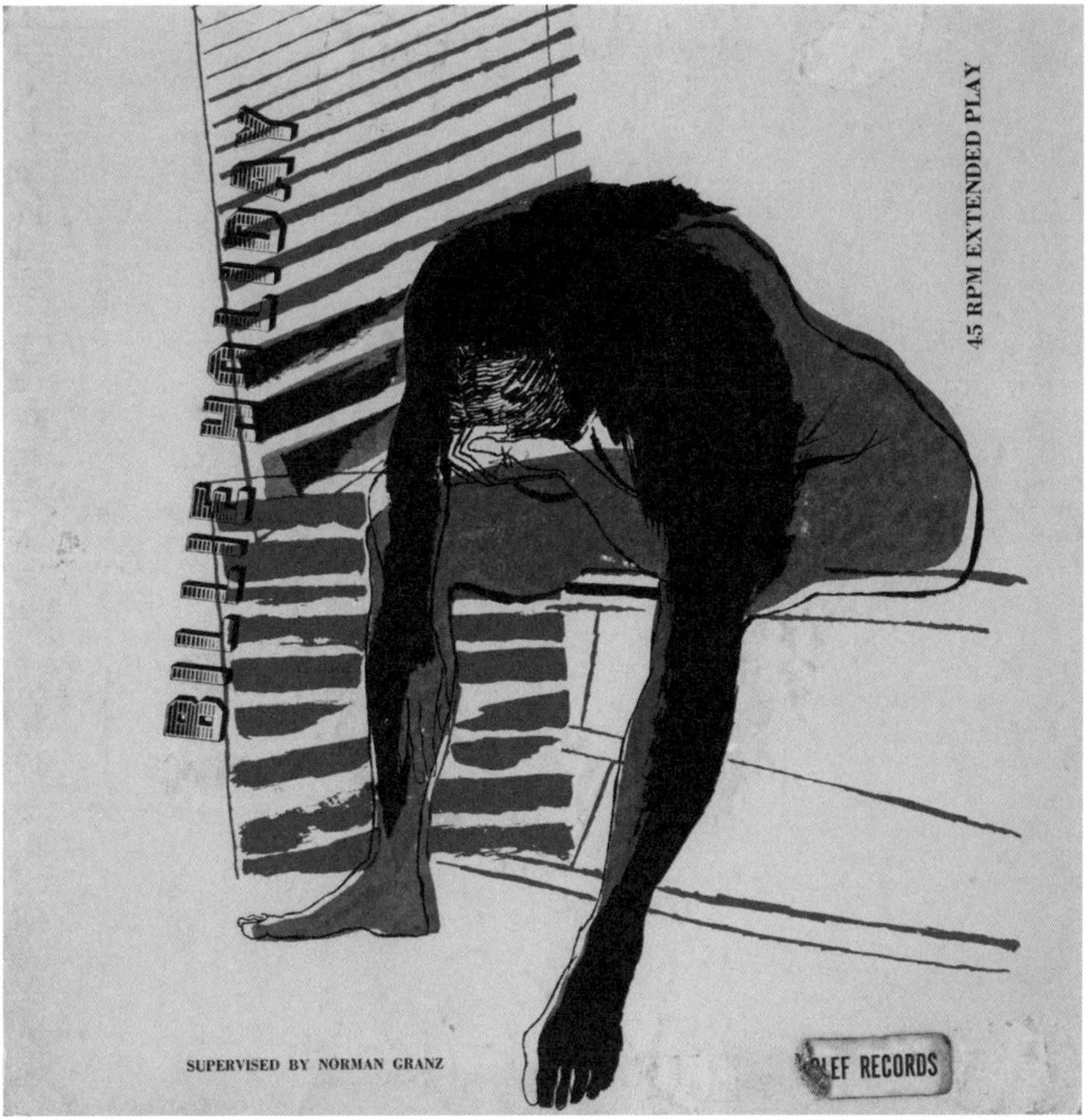

⑤

るように見受けられる。①のがっくりと沈みこんだ女の姿、⑤のベッドで泣いている裸の女の姿。そのような構図は、DSMがホリデイの歌唱に深い悲しみを感じ取っていたことを示している。どちら

②

③

も心のこもった、優れたイラストレーションだ。僕は昔、小さな写真でしかジャケットを見ていなかった頃、⑤の絵は泣いている裸の女をクロクマが横で眺めているところだと思っていたが、あとになってそれはクマではなく、脱ぎ捨てられた黒いドレスだということが判明した。クマだと面白かったのにと（実は）今でも思っているけど……。この女性は奥さんのグローリアをモデルに使ったということだ。

②は絶望のために顔を両手で覆っている女性の姿。苦悩の黒い影が彼女の顔全体を包もうとしている。１９５７年の録音。亡くなる二年前だ。死へのカウントダウンが既に始まっている。そう思ってレコードを聴いていると、何かしら鬼気迫るものが聴きとれるような気さえする。

③ではＤＳＭは、ビリー・ホリデイの怒っている顔を描こうとしたと語っている。彼女の人生は怒りに満ちたものだったから、と。そう、彼女の人生は怒るべきものごとで溢れていたのだ。ホリデイはこのアルバムで、かつての彼女の当たり曲「月光のいたずら（What a Little Moonlight Can Do）」を再演しているが、今の声とかつての声の違い

に、その変わりように思わず慄然《りつぜん》としてしまう。でもだからといって、決してがっかりはしない。ビリー・ホリデイは常にビリー・ホリデイなのだ。

ジャケットのライナーノートに、ナット・ヘンホフがこのようなことを書いている。

「彼女が歌うのは苦渋、喜び、恋する心、失恋、そんな単一的な感情表現ではない。彼女は実に多面的な女性だ。一時間のうちに、一日のうちに、どれほど多様な色合いの灰色の影が降りかかるかを、彼女はこれまで十分すぎるほど経験してきたのだ」

言い得て妙だ。

④

ヴォーカルいろいろ

① Ella Fitzgerald; These Are the Blues　Verve V6-4062
② Ella FItzgerald Sings the Harold Arlen Song Book vol.1　Verve V6-4057
③ Mary Ann McCall/Charlie Ventura; An Evening with　Verve MGV-8143
④⑤⑥ Fred Astaire; Story #1,#2,#3　Mercury MGC-1001/02/03

①はブルーズ曲ばかりを集めたエラのアルバム。「30年以上レコーディングをしていながら奇妙なことに、エラ・フィッツジェラルドは稀な例外を除いて、ブルーズ曲を取り上げたことがなかった」とノーマン・グランツはライナーノートに書いている。そして今回のレコーディングに際して、(どうせやるからには)伝統的なブルーズ曲を伝統に則《のっと》って「歴史的に正しい」やり方で本格的に歌うことにしたのだ、と。バックにはワイルド・ビル・デイヴィスのオルガン、ロイ・エルドリッジのトランペット、ハーブ・エリスのギターと、とくにブルーズものを得意とするミュージシャンが選抜された。

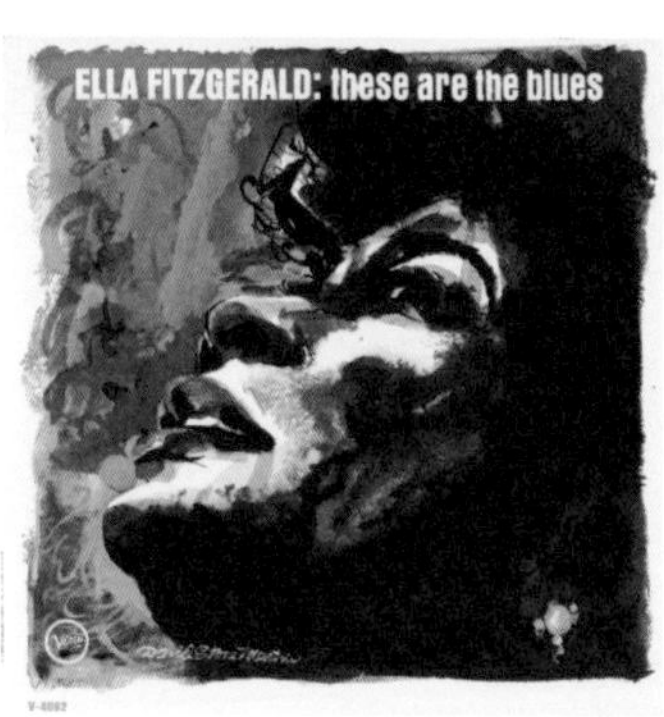

①

　結果的にいえば、エラはよく健闘している。どんなスタイルの曲でもこの人はそれなりにうまくこな

②

せる。しかし軽快でお洒落なビバップ育ちの彼女には、こういうディープなブルーズものはやはり少しばかり荷が重かったかもしれない。聴いていて、なんとなく「曲と肌が馴染んでいない」という印象が拭いきれない。ただし「セントルイス・ブルーズ」は熱唱だ。

②エラの名高いソングブック・シリーズ。DSMはそのうちの「ハロルド・アーレン集」にだけジ

③

ャケット絵を提供している。僕が所有しているのはそのうちの第一集。第二集もいちおう探してはいるのだが、このレコードは二枚組になったもの（ブックレット付きで、ジャケットにはアンリ・マティスの絵が使われている）が主に流通していて、DSMデザインのものはなかなか見かけない。内容は二枚どちらも素晴らしい。

③このジャケット絵は、10インチ盤“Charlie Ventura Collates”のものをそのまま流用している（中身は流用していない）。A面が女性歌手メアリ・アン・マッコールの歌五曲（バックはヴェンチュラ楽団）、B面が唄抜き、ヴェンチュラ楽団の演奏五曲という構成だ。マッコールはビッグバンド専属の歌手として、チャーリー・バーネットやトミー・ドーシー、ウディー・ハーマンといったバンドを渡り歩いた。そしてこのレコードが出た時期にはチャーリー・ヴェンチュラ楽団に属していたわけだ。ピアノにデイヴ・マッケナ、テナーはもちろんヴェンチュラ。マッコールはとくに歌がうまい、味があるという歌手ではないと思うのだが、いろんなバンドに登用されたところをみると、それなりに雰囲気のある歌手だったのだろう。1949年には「ダウンビート」誌の「バンド専属女性歌手」部門で賞を取っている。アル・コーンと結婚していた。

④⑤⑥フレッド・アステアはもちろんダンサーとして有名な人で、歌うのは彼にとって

④

は余技《よぎ》のようなものだった。それでも歌手として何枚かのレコードを出している。ただ本格的なジャズのバンドをバックに歌っているのは、このマーキュリー盤（実質的にはクレフ盤）だけ。オスカー・ピーターソン・カルテットにチャーリー・シェイヴァーズ（トランペット）とフリップ・フィリップス（テナー）を加えたスモール・バンドだ（グランツはこのグループをJATPのステージからそっくり引き抜いてきた）。このアルバムでアステアは、これまで彼が出演したミュージカル映画でヒットした曲を中心に選んで歌っている。二曲ではアステアは歌わずにタップで参加している。歌はとくにうまいというほどではないが、声は滑らかで美しいし、その素直な歌唱には仄《ほの》かに温かい人間性が感じられる。こういう大胆な思い切った企画を立て、それを実現させたグランツの力量に感服するしかない。

ジャケットの絵、踊っているアステア（らしき人）の左足のつま先に、とても小さく遠慮がちにdsmという署名がある。

⑤

⑥

10インチ盤（およびSP盤）のJATP

① Jazz at the Philharmonic	Stinson SLP-23
② Norman Granz' Jazz at the Philharmonic (EP)	Clef JATP vol.2
③-1 Norman Granz' Jazz at the Philharmonic vol.3	Mercury MG vol.3
③-2 Jazz at the Philharmonic vol.3 (SP)	Asch 353
④ Norman Granz' Jazz at the Philharmonic vol.4	Mercury MG vol.4
⑤ Norman Granz' Jazz at the Philharmonic vol.5	Mercury MG vol.5
⑥ Norman Granz' Jazz at the Philharmonic vol.6	Mercury MG vol.6
⑦ Norman Granz' Jazz at the Philharmonic vol.7	Mercury MG vol.7
⑧ Norman Granz' Jazz at the Philharmonic vol.8	Clef MG vol.8
⑨ Norman Granz' Jazz at the Philharmonic vol.9	Mercury MG vol.9
⑩ Norman Granz' Jazz at the Philharmonic vol.10 (SP)	Mercury 2453/58
⑪ Norman Granz' Jazz at the Philharmonic vol.11	Mercury MG vol.11
⑫ Norman Granz' Jazz at the Philharmonic vol.13 (SP)	Mercury C-389/393
⑬ Norman Granz' Jazz at the Philharmonic vol.14	Mercury MG vol.14

ＪＡＴＰとはJazz at the Philharmonicの略。それまでは仲間内とか、小さなジャズ・クラブとかでおこなわれていたジャズ・ミュージシャンたちのジャム・セッションを、大きな会場に観客を集めておこなおうという趣向のコンサートだ。ノーマン・グランツという一人の無名の青年がそのアイデアを思いつき、知り合いから三百ドルを借りて、それを元手に大胆に実行した。１９４４年２月、ロサンジェルス・フィルハーモニック・オーディトリアムでおこなわれたそのコンサートは成功を収め、以来彼が主催するその形式のコンサートはJazz at the Philharmonic（ＪＡＴＰ）と称されることになった。

目端の利くグランツはそのコンサ

ートの模様を録音し（まだＳＰレコードの時代だったが）、それをアッシュというレコード会社からスティンソン・レーベルでリリースした。レコードは話題になった。やがて彼はクレフという自己レーベルを起ち上げ、そこからそれらのコンサートを録音したレコードを出すようになった。

　スター・ミュージシャンを集めたＪＡＴＰは戦後アメリカの開放的な世相を反映して人気を呼んだが、次第に大衆迎合的な色彩が強くなり、同じような演奏の繰り返しになり、やがて飽きられていった。１９５７年を最後に、アメリカでの興行はおこなわれていない。しかしグランツは数多くのＪＡＴＰシリーズのレコードをリリースし、それはジャズ史の貴重な記録となっている。

　グランツはレコードを制作したものの、全国的な販売ルートを持たなかったので、ＪＡＴＰシリーズは最初のうちマーキュリー・レコードから、ＳＰ盤と10インチ盤で発売された。それらは後日グランツの手によって回収され、ヴァーヴの12インチ盤シリ

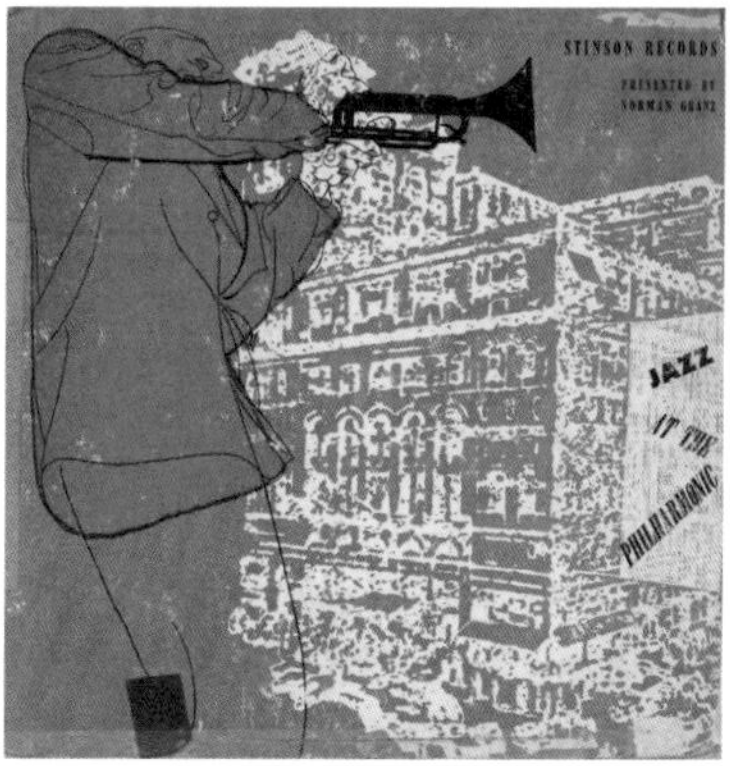

①

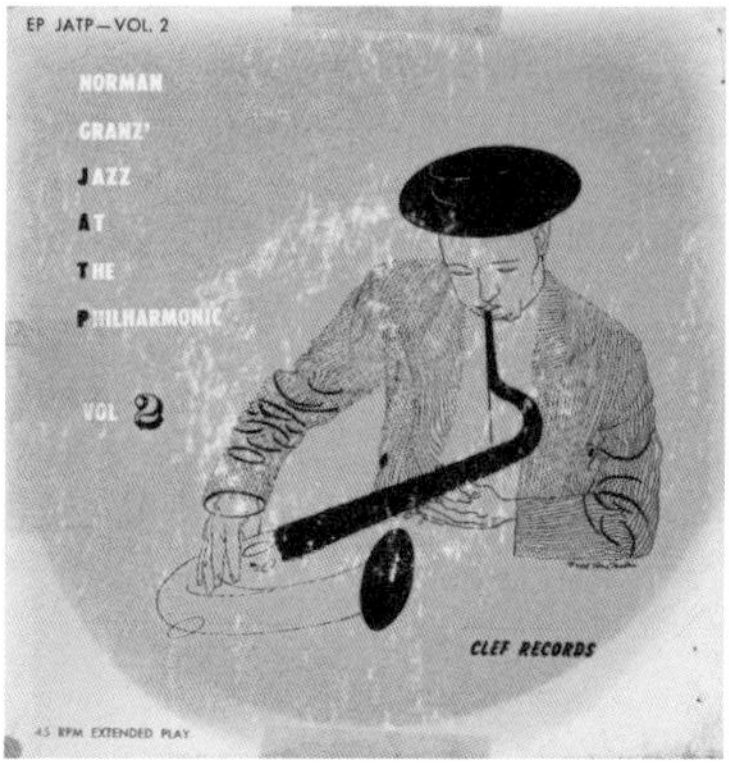

②

③-1

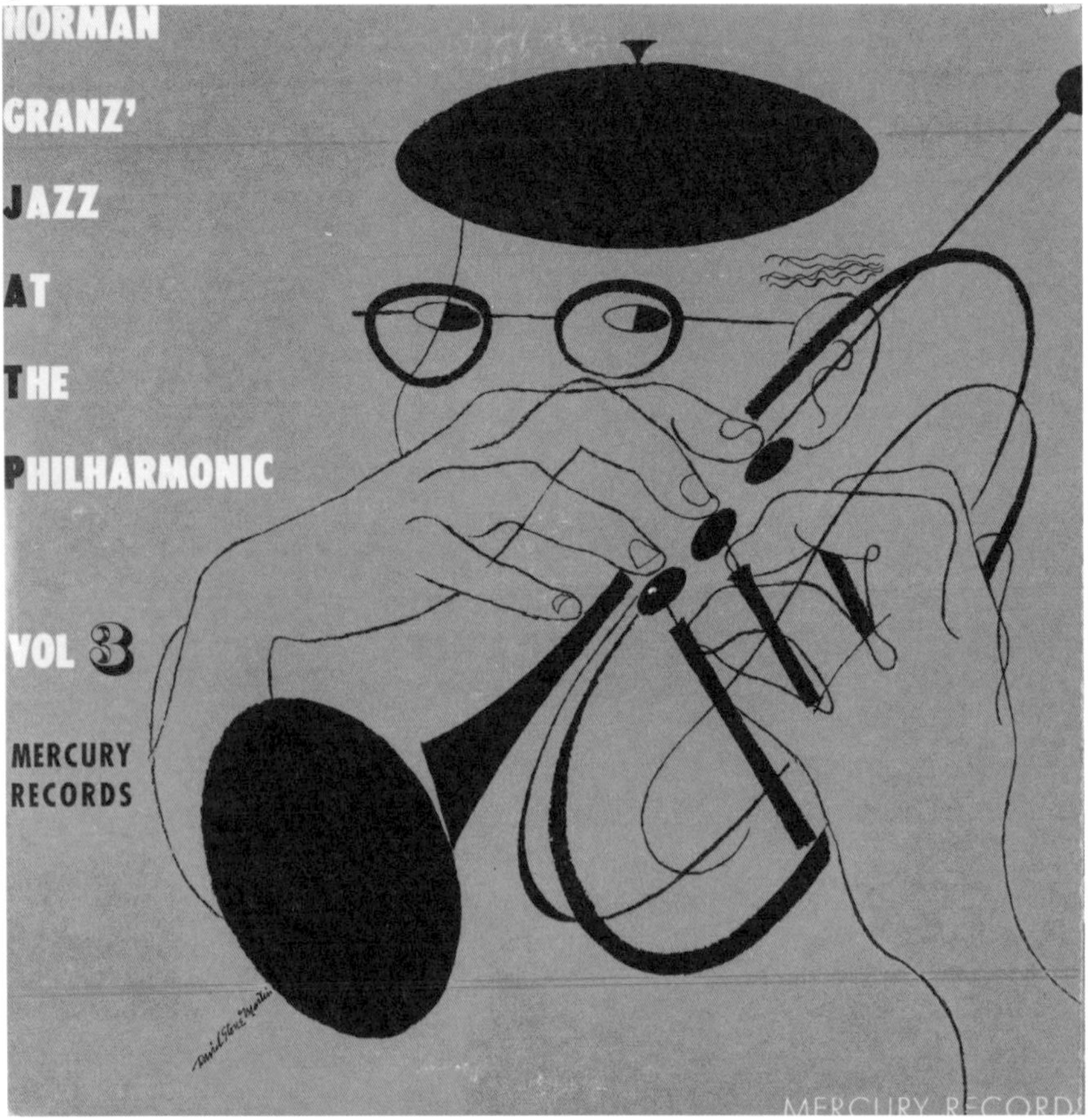
NORMAN
GRANZ'
JAZZ
AT
THE
PHILHARMONIC
VOL 3
MERCURY
RECORDS
MERCURY RECORDS

DISC
Norman Granz'
JAZZ
at the
Philharmonic
Vol.
3

③-2

ーズにまとめられることになる。

ＤＳＭが10インチ盤（およびＳＰ盤）ＪＡＴＰのためにジャケット絵を描いていたのは主に１９４０年代後半で（そのあと容れ物は12インチ盤へと移行していく）、このへんはまさにＪＡＴＰの黄金時代に相当する。彼の手になる10インチ盤ジャケットの絵を見ているだけで、ステージの楽しさ、賑《にぎ》やかさがそのまま伝わってくるようだ。それらの絵は12インチ盤にそのまま引き継がれているが、オリジナル10インチ盤（ＳＰ盤も同じサイズ）の持つ独特の雰囲気は失われている。

①記念すべきＪＡＴＰの第一回コンサートには、ハワード・マギー、イリノイ・ジャケー、チャーリー・ヴェンチュラなどが顔を並べている。レコードに収録された曲は「ハウ・ハイ・ザ・ムーン」「オー・レディー・ビー・グッド」の二曲。このレコードは当時ノーマン・グランツが軒先《のきさき》を借りていたスティンソンから発売されている。ここで初めて、デヴィッド・ストーン・マーティンの高名なトランペ

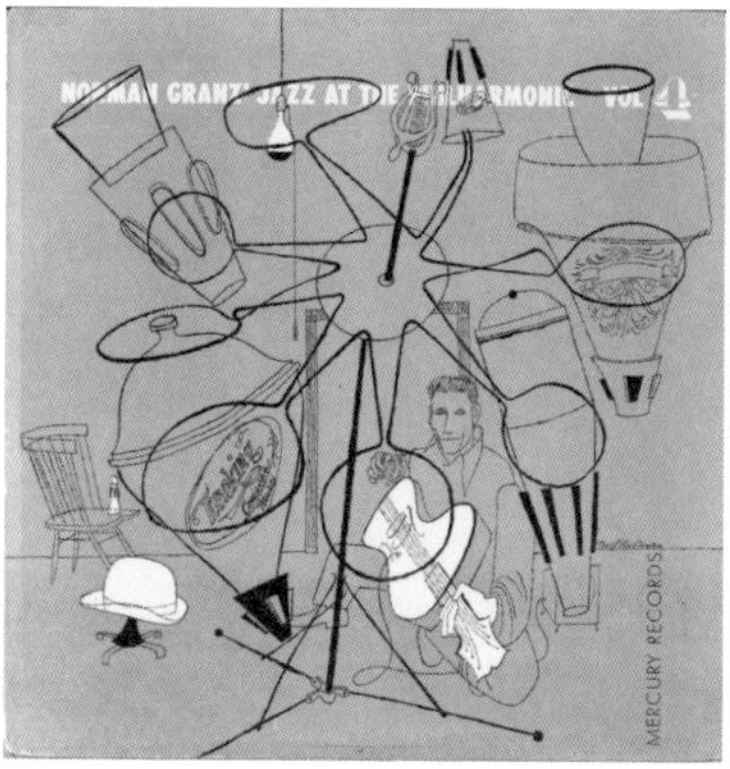

④

⑤

ツター・ロゴがジャケットに使用された。

　このシリーズの中でジャケット的に問題になるのは第七集（⑦）で、このジャケットにはＤＳＭではなく、マール・ショア（Merle Shore）と署名が入っている。マール・ショアはグランツのために度々《たびたび》仕事をしている女性画家で、多くのジャケット・デザインを手がけている。カラフルで叙情的な画風が特徴だ。しかしここでは彼女は完全にＤＳＭの画風に沿《そ》ってイラストを描いている。構図もラインも、まさにＤＳＭのものだ。おそらくエリザベス・ドウバー女史の場合と同じく、ＤＳＭとの緊密な共同作業によって出来上がったものではないかと推測される。だからいちおうＤＳＭの仕事の一部としてここに並べておいた。ジャケット・デザインは芸術作品であると同時に商業作品でもあるので、この手のことはじゅうぶん起こりうる。

　また、第八集（⑧）のジャケットにはデザイナーの署名、クレジットは見られない。だからＤＳＭがこのジャケット・デザインに関与しているかどうか

⑥

⑦

は不明。ただ参考のためにジャケットを掲載した。

この第八集に収められた「パーディド」（1947年録音）はJATPシリーズの中では最もよく知られた演奏だ。売りはイリノイ・ジャケーとフリップ・フィリップスが繰り広げるワイルドなテナー・チェイスで、あまり品の良い演奏とは言えないが、客席はその光景を目にして大いに沸く。ハワード・マギーの派手なハイノート連発も会場を盛り上げる。まるで現代における野外ロック・コンサートみたいに（あるいはその機能は似たようなものだったかもしれない）。

また第四集（④）の「レスター・リープス・イン」においても、イリノイ・ジャケーのテナー・サックス、汽笛型大ブローをしっかり耳にすることができる。聴衆には大受けしているが、今のジャズ・ファンの感覚からすれば、悪趣味としかいいようがない。このような薄っぺらな絶叫プレイがJATP全体の音楽の質を劣化させ、人々を飽きさせていくことになる。

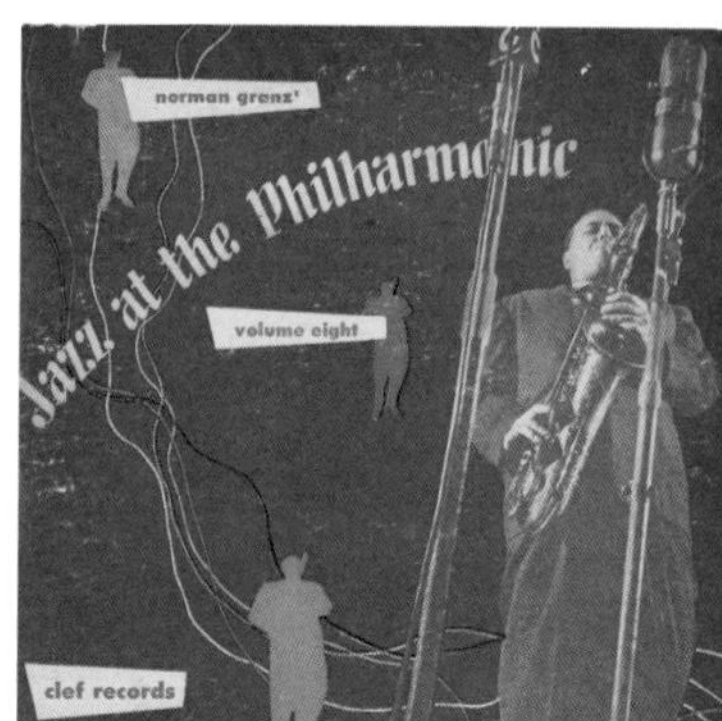

⑧

⑨

しかしそのような大衆迎合的な遠吠え音楽に混じって、レスター・ヤングやチャーリー・パーカー、コールマン・ホーキンズ、バック・クレイトンといったまっとうな（本物の）ジャズマンたちが加わった演奏には、真摯《しんし》に耳を傾けるべきものがある。彼らはステージの上から人々に少しでも良き音楽を届けようと、妥協抜きで全力を尽くしている。ナット・コールやハンク・ジョーンズといったピアニストたちも、地味ではあるけれど確実な良い仕事をした。そういう記録がレコードというかたちで後世に残されていることは、ジャズ・ファンにとって何よりありがたい。そしてそのような人々が、絶叫型ミュージシャンたちに押されて、ステージの上で次第に影を薄くしていったことは残念でならない。

とはいえＪＡＴＰという形式は、旧来のスイング系のヴェテラン演奏家たちと、バップの洗礼を受けた若手の演奏家たちが肩を並べて交流する場を提供してくれたし、それはどちらの側にとっても、おそらくは得がたい体験となった。またＪＡＴＰは大が

⑩

⑪

かりなコンサート形式で大衆にジャズを普及させたことで、ジャズ・ミュージシャンたちを経済的に潤《うる》おすことになった（ギャラはかなり高額なものであったらしい）。そしてグランツは黒人ミュージシャンと白人ミュージシャンとを同じステージに立たせ、同等に扱うことで、また客席のセグリゲーション（人種区別）を拒否することで、音楽の場から人種差別を排除しようと真剣に努めた。そのようないくつかの面において、ジャズ史における彼の功績はもっと高く評価されるべきだろう。

⑫

⑬

12インチ盤のJATP

① Volume 1（How High the Moon, Oh Lady Be Good, etc.） Verve MG vol.1
② Volume 2（I Can't Get Started, Crazy Rhythm, etc.） Verve NG vol.2
③ Volume 4（JATP Blues, I Got Rhythm, etc.） Verve MG vol.4
④ Volume 7（Lester Leaps In, Embraceable You, etc.） Verve MG vol.7
⑤ Volume 11（The Blues, The Modern Set, etc.）2LP Verve MG vol.11

第七集までは10インチ盤が12インチ盤に移し替えられている。12インチ一枚に10インチ二枚分が収められている。第十一集はオリジナルの内容になっている。

JATPの演奏は全部端から端まで律儀《りちぎ》に聴いていると、無意味な曲芸的部分なんかもけっこうあってかなり疲れる。聴きものだけを選び、かいつまんで聴くことが大切になる。

①での聴きものはやはりチャーリー・パーカーの素晴らしいソロが入った「レディー・ビー・グッド」だろう。パーカーに続くレスター・ヤングのテナー・ソロも奥深くじっくりと聴かせる。このようにJATPのステージは、中間派とバップ派が混じり合って演奏する貴重な交流の場でもあったのだ。彼らは決して互いを排斥《はいせき》し合っていたわけではない。

①

③

②

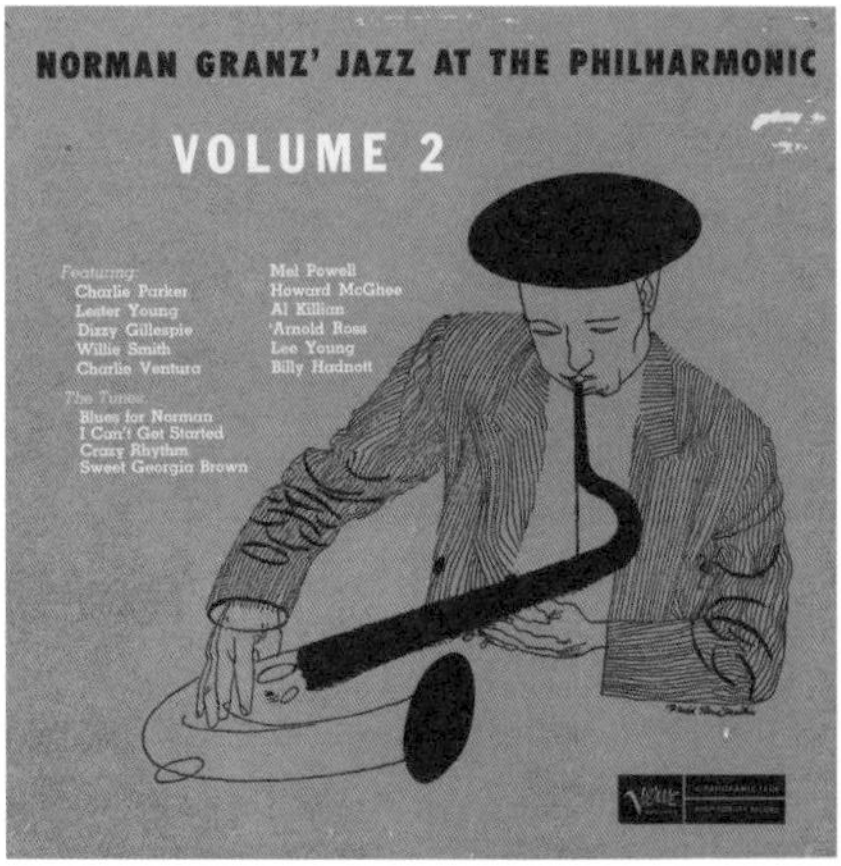

なお、この第一集のレコード・ジャケットにはマール・ショアがデザイナーとしてクレジットされている。しかしDSMのトランペッター・ロゴが入っているので、いちおうDSMコレクションに加えた。

②は「言い出しかねて（I Can't Get Started）」が聴きものだ。ハワード・マギーの華やかなソロのあとを受けて、レスター・ヤングが見事なプレイを繰り広げる。そしてチャーリー・パーカー、ウィリー・スミス、どちらのソロも聴きごたえがある。レスターの作り出した親密な音楽の空気はそのまま維持される。最後のアル・キリアンのド派手なトランペット・ソロはいささか興ざめだが。

③の第四集は偉大なるテナーの両巨頭、コールマン・ホーキンズとレスター・ヤングの共演が聴きものだ。とくに「アイ・サレンダー・ディア」の二人のソロは、深く集中して聴き込むだけの価値がある。「JATPブルーズ」ではチャーリー・パーカーからバック・クレイトンに、そしてレスター・ヤングと受け継がれる豪華リレーだ。そのあとに登場するコールマン・ホーキンズも、マイペースの落ち着きあるソロをとっている。レスターのあとだから……

というようなライバル意識は見受けられない。
④の第七集、DSMのデザインが冴える。宙を飛ぶ二人のテナー奏者の壮烈なバトル。10インチのジャケット・デザイン（P133⑨）の流用だが、モデルはイリノイ・ジャケーとフリップ・フィリップスみたいだ。「レスター・リープス・イン」ではフィリップスの硬派な（いささか粗《あら》い）ソロのあとを受けるレスターは、ゆったりとリラックスしつつ、エモーショナルなソロを聴かせる。大観衆を前にした舞台でそんなことができる人間はおそらくレスターくらいしかいない。
バラード「エンブレイサブル・ユー」におけるロイ・エルドリッジからパーカーへの受け渡しも素晴らしい。1949年の録音。アップテンポの「クローザー」も楽しい。出だしのフィリップスが少しばかり悪乗りするが（客には受ける）、レスターのいつになく熱いソロが見事だ。エルドリッジがハイノートを派手にヒットし、そのあとパーカーが美しい飛翔を遂げる。

「このアルバムがあなたの両足を床にタップさせるといいですね。私の両足をタップさせてくれたのと同じように」とノーマン・グランツがライナーノートに記している。たしかに勢いのある、出来の良いアルバムだ。
⑤の第十一集、二枚組のLPになっている。録音は1955年。ジャケー、ヤング、フィリップスのスリー・テナーが揃い踏みする。そしてエルドリッジとガレスピーのトランペット・コンビ。ただこの日のレスター・ヤングの調子はあまり良くない。なんとなく身体が重そうだ。「ザ・ブルーズ」でのソロも今ひとつ切れが感じられないし、バラード・

Norman Granz'
Jazz at the Philharmonic
VOLUME 7
Featuring:
Charlie Parker
Lester Young
Flip Phillips
Roy Eldridge
Buddy Rich
Ray Brown
Tommy Turk
Hank Jones
The Tunes:
Lester Leaps In
The Opener
Embraceable You
The Closer
A PANORAMIC TRUE
HIGH FIDELITY RECORD

④

メドレーの「時さえ忘れて（I Didn't Know What Time It Was）」も、いつものヤングのぴりっとした張りが見られない。このバラード・メドレーでは、フィリップスの「オール・オブ・ミー」もなんだかもそもそして今ひとつ冴えないが、ジャケーの「テンダリー」が意外に（といってはなんだけど）聴かせる。エルドリッジの「言い出しかねて」は快演。そしてディジーは「マイ・オールド・フレーム」を余裕たっぷりに朗々と吹きまくる。お見事。

⑤

箱物のJATPなど

① Norman Granz' Jazz at the Philharmonic vol.10 (3LP)　Verve MG vol.10
② Norman Granz' Jazz at the Philharmonic vol.15 (3LP)　Clef MG vol.15
③ Norman Granz' Jazz at the Philharmonic vol.16 (4LP)　Clef MG vol.16
④ Norman Granz' Jazz Concert #1 (2LP)　Norgran JC #1
⑤ Norman Granz' Jazz at the Philharmonic 1940's (国内盤 3LP)　日 Verve MV-9070/2
⑥ JATP in Tokyo (国内盤 3LP)　日 Verve MV-9061/3

クレフのボックス・セットは壊れやすくて、すぐばらばらになり、コレクター泣かせだ。上質に保たれた箱物はなかなか手に入りにくい。

1950年代に入ると、JATPも微妙に色合いを変化させる。ノーマン・グランツはJATPにおいて、大物ミュージシャンをステージにずらりと並べたジャム・セッションを売り物にしたが、その他に固定グループの各種セットを用意し、集まった観客を飽きさせないように努めた。通常の一枚物LPではジャム・セッションが主体になるが、スペースに余裕のある箱物にはそのような「各種セット」も収められる。おそらくはそんなわけで箱物のJATPが徐々に増えていった。

たとえば②第十五集(三枚組)では、いつものジャム・セッションものは一枚だけで、あとの二枚はそれぞれ、オスカー・ピーターソン・トリオとジーン・クルーパ・トリオという、レギュラー・バンドの演奏になっている。ジャム・セッションも数を重ねていれば、多少のメンバーの入れ替えはあっても、

①

②
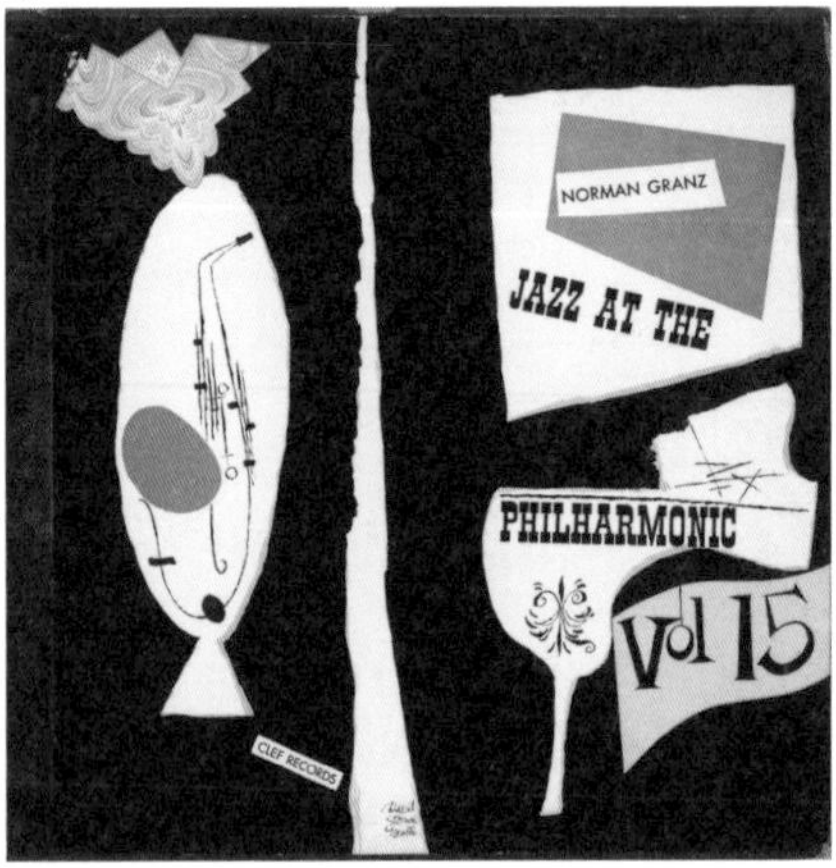

だいたい似たような出来になってくるので、構成を工夫し目先を変える必要があったのだろう。そのような「各種セット」の多くは後日独立したLPとして発売されることになったが。

①第十集は1954年のコンサートの録音だが、レギュラーのオスカー・ピーターソン・トリオ、そのトリオに俊英クラリネット奏者、バディ・デフランコとバディー・リッチを加えた「JATPクインテット」、そこに更にライオネル・ハンプトンを加えた「JATPセクステット」の演奏がひとつの目玉になっている。ピーターソン、出っぱなしでかなりこき使われている。演奏はしっかり充実しているが。ここでもやはりジャム・セッション部分はLP一枚だけ。

③第十六集は1953年のコンサートの録音。レスター・ヤング・クインテットとオスカー・ピーターソン・トリオの演奏がいちばん興味を惹かれる。レスターは絶好調という状態ではなさそうだが、それでもドライブの効いた活《い》きたジャズを聴かせてくれる。とくに「レスター・リープス・イン（ここでのタイトルは"Lester Gambols"）」の

HI-FI
NORMAN GRANZ'
JAZZ
AT THE
PHILHARMONIC
Vol.
16
JAZZ at the
PHILHARMONIC
CLEF RECORDS
③

ソロは素晴らしい。それに続く「ワン・オクロック・ジャンプ」のジャムもなかなか良い雰囲気だ（ヤングも参加している）。私見を述べさせていただければ、チャーリー・パーカーとレスター・ヤングがいなくなると、ＪＡＴＰはぐっと魅力が低下してしまう。彼らには「決まり事」を、ただの決まり事でなくしてしまう力があった。

　第十六集でＤＳＭは、南国（らしきところ）のカフェでテーブルを頭上に掲げて運んでいる、二人のエキゾティックなウェイターの姿を描いている。中身の音楽とはまったく関係ないみたいだけど。

　④は公式にはＪＡＴＰではなく「ノーマン・グランツ・ジャズ・コンサート＃１」と銘打ってある。１９５０年９月にカーネギー・ホールでおこなわれたコンサートのライブ録音だ。しかし実質的な中身はＪＡＴＰとほとんど変わりないものなので、ＪＡＴＰシリーズの一員に加

④

⑤

えさせてもらった。ちなみにこのコンサートは第一回だけで終わってしまった。たぶんグランツ自身にさえＪＡＴＰとの相違がよくわからなくなったのではないだろうか。ここでの目玉はやはり「チャーリー・パーカー・ウィズ・ストリングズ」の実演版だろう。パーカー、素晴らしい。

このレコード、箱が完全分解してしまったので、箱だけ日本の再発盤に買い換えた。中身のレコードはオリジナルのノーグラン盤。日本製のボックスは丈夫でありがたい。

⑤⑥の箱物のジャケットは日本制作のもので、ＤＳＭがデザインしたわけではないけれど、彼のトランペッター・ロゴを大々的に用いているので、ここに加えさせてもらった。しかしいつ見ても実に「絵になる」ロゴですね。

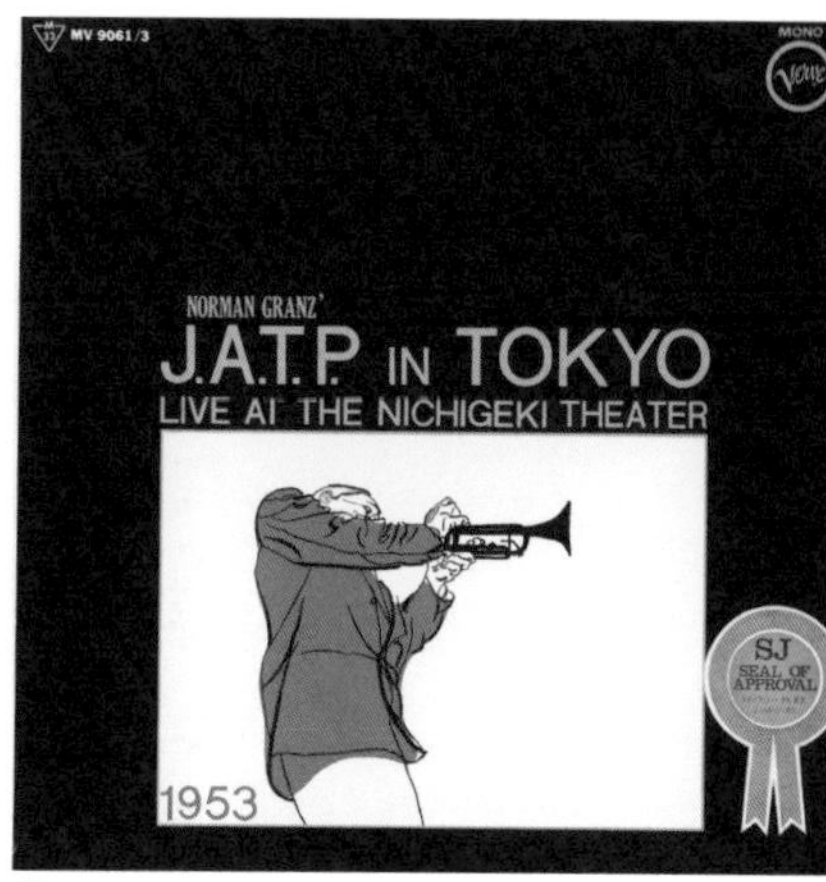

⑥

ノーマン・グランツ・ジャム・セッション

①	Jam Session #1	Clef MGC-4001
②	Jam Session #2	Clef MGC-602
③	Jam Session #3	Verve MGV-8051
④	Jam Session #4（国内盤）	Verve（日 Poly.MV-1130）
⑤	Jam Session #5	Clef MGC-4005
⑥	Jam Session #6	Verve MGV-8054
⑦	Jam Session #7	Clef MGC-677
⑧	Jam Session #8	Verve MGV-8094

JATPの出演メンバーをそのままスタジオに移して、観客抜きのジャム・セッションをやろう、それをそのままレコーディングしようというグランツのアイデアで始められたこのシリーズ、LP九枚まで続いたが、やがてジャム・セッションという形態が飽きられて人気を失い、そこで終わった。

その九枚のレコード・ジャケットはすべてDSMがデザインしている。どれも力のこもった作品だが、中でも見事なのが#1と#2（同じ日のセッション）のために描かれたミュージシャン群像で、それぞれの演奏家の人柄がにじみ出た素晴らしい人物スケッチになっている。ジャケットを眺めているだけで楽しい。DSMのベスト作品のひとつに選ばれてしかるべきジャケットだ。

これらのジャム・セッションもののいちばんの呼び物は、なんといっても顔合わせの面白さだろう。たとえば#1と#2ではチャーリー・パーカーとジョニー・ホッジズとベニー・カーターのアルト・サックス共演を聴くことができる。JATPほどの競

①

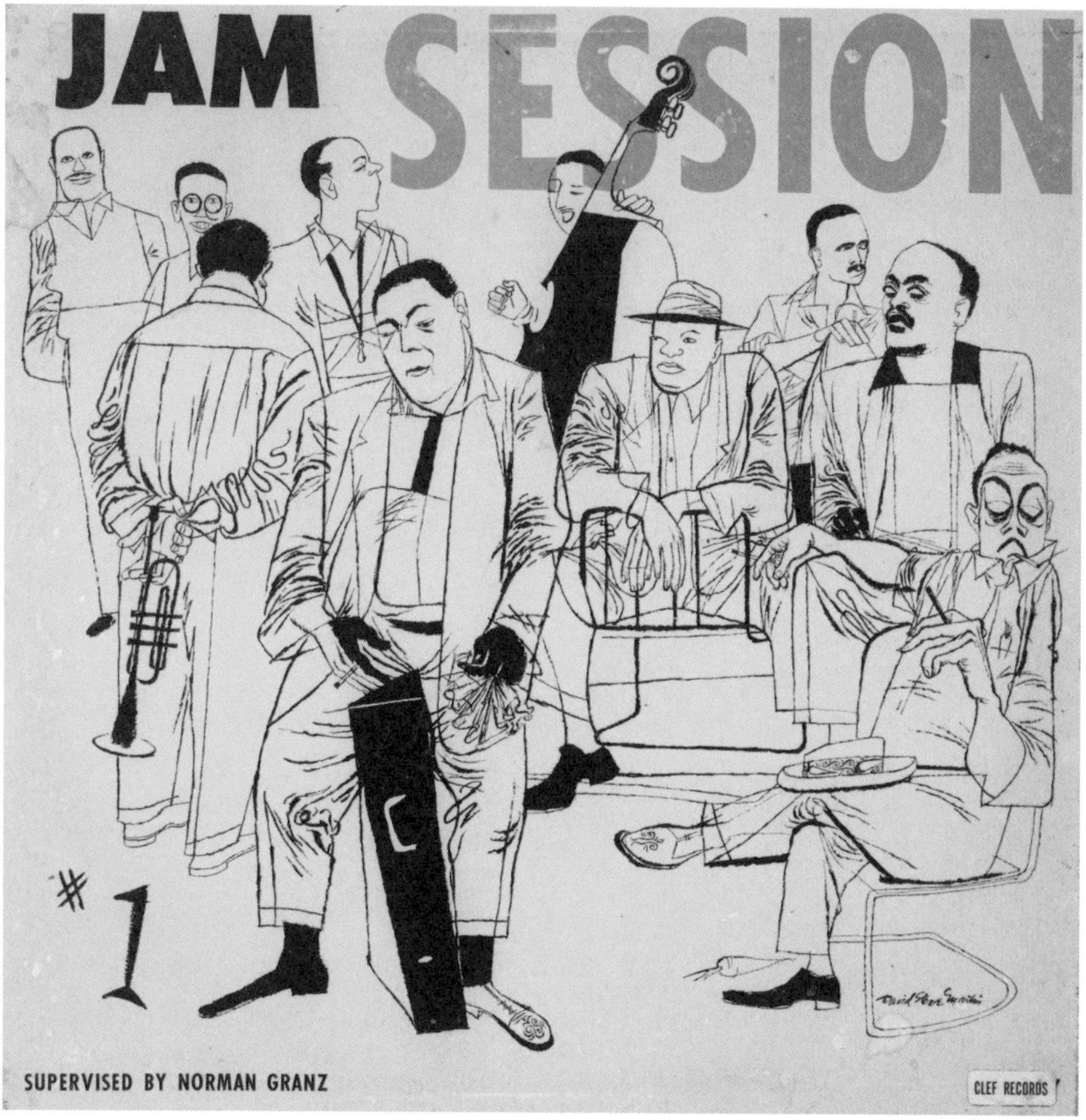
JAM SESSION
#1
SUPERVISED BY NORMAN GRANZ
CLEF RECORDS

JAM SESSION
*2
CLEF RECORDS

②

争意識はなく、どちらかといえば和気藹々とした雰囲気だが、それでもある種の緊張感は醸し出される。#3、#4におけるスタン・ゲッツとウォーデル・グレイの共演も、他ではなかなか聴けない顔合わせだ。しかしそのうちに集まる顔ぶれがだいたい似たようなものになってきて（イリノイ・ジャケーとフリップ・フィリップスが常連、リズム・セクションはいつもピーターソン・トリオ）、意外性や新鮮味は薄れていった。

ジャケット的に見ると、#5ではミュージシャンたちがたむろする部屋の床に、鶏の死体らしきものが横たわっている。そしてその横には白猫が一匹（眠っているのだろうか？）。窓から黒人の少年が中をのぞいている。床に置かれている蚊取り線香みたいなぐるぐるしたものはいったい何だろう？　ちょっとした謎だ。#8のジャケットでも、黒猫が一匹床に横になっている。トランペットを吹いている人が二人、た

③

④

⑤

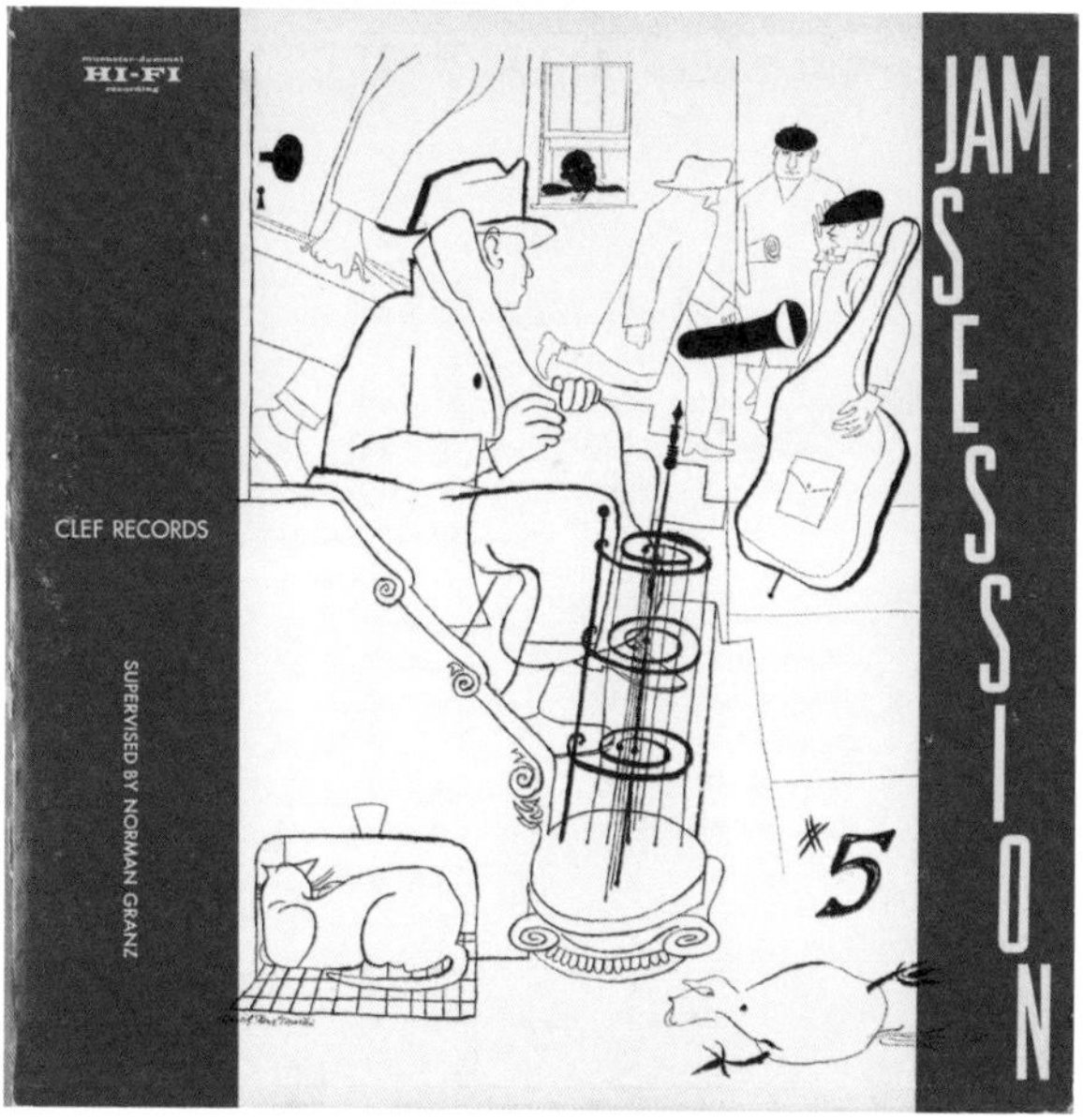
HI-FI
CLEF RECORDS
SUPERVISED BY NORMAN GRANZ
JAM SESSION
#5

NORMAN GRANZ'
JaM
SESSION
#6
CLEF SERIES MGV-8054
HI-FI

⑥

だ耳を澄ませている人が一人。猫は音楽をじっとおとなしく聴いているのだろうか？

＃７はスタジオの散らかった机の上にあるもの。缶ジュースだか缶ビールだかの空き缶が散らばり、タバコの吸い殻があり、紙マッチがあり、帽子や楽器も雑然と置かれている。ＤＳＭはきっと録音スタジオを訪れて、こういう光景をスケッチしていったのだろう。ありふれた光景だが、ＤＳＭがそれをさらさらと描くと、そこに物語が生まれる。

この「ジャム・セッション」シリーズのＤＳＭのジャケット絵に共通しているのは、黒色のラインとブラシしか用いていないということだ。そして背景に単色があしらわれているだけで、それ以上の色は一切使われていない。でもそれだけでこのような味わい深い一連のデザインを作り出せるのだから、さすがに大したものだ。あらためて感心してしまう。手に取って見ているだけで素敵な音楽が聞こえてくるようだ。

⑦

⑧

クレフ／ノーグラン／ヴァーヴ以外のDSMのデザインしたジャケット

①	Will Bradley/Bobby Byrne; Dixieland Jazz	Grand Award GA 33-310
②	Al Klink/Bob Alexander; Progressive Jazz	Grand Award GA 33-325
③	Jazz Concert（フランス盤）	仏 Columbia FPX-126
④	Harry Belafonte; Love is a Gentle Thing（国内盤）	RCA Victor（日 Victor LS-5133）
⑤	Various; Singin' the Blues	Camden CAL-588
⑥	Woody Herman; At Carnegie Hall 1946（10″）	MGM E-158
⑦	Coleman Hawkins; Sirius	Pablo 2310-707

ＤＳＭは１９４０年代から50年代にかけて、グランツの制作したレコードのために数多くのジャケットをデザインしたが、とくにグランツと専属契約を交わしていたというのではなく、他のどこで仕事をしてもいいという自由な立場だったようだ。しかしその割にはその時期、クレフ／ノーグラン以外のレコード会社のために彼が描いたジャケット絵は数えるほどしか見当たらない。

①②その中ではグランド・アワード（Grand Award）という小さなレコード会社のために、彼は何枚かのジャケット絵を描いている。この会社はイノック・ライト（自分の名前を冠した楽団を持っていた）が創設したもので、ジャケット・デザインにけっこう力を入れており、有名画家にジャケットのための絵を依頼する方針をとっていた。１９５５年前後のことだが、この会社のためにＤＳＭが描いた絵（すべて額縁つきになっている）は、クレフ／ノーグランものに比べて色使いがより鮮やかだ。それは意図的なものなのだろうか？　この会社のレコー

ドはあまり人気がなく、アメリカの中古レコード屋ではおおむね安価で売られているが、よく見ると中身はけっこう面白いものがある。

③このレコードはデンマークの中古店でみつけた。外見からしててっきりクレフのレコードだと思ったのだが、買って帰って調べてみると、仏コロンビアがグランド・アワードのアルバム（GA 33-316）の権利を買い取り、DSMの絵を額縁から外してデザインしなおしたものだった。そうするとそっくりクレフのレコードみたいな雰囲気になる。A面がディジー・ガレスピーの入ったコールマン・ホーキンズのバンド、B面がホーキンズの入ったジョージ・オールドのバンドの演奏になる。とても充実している。どちらの面もアポロの10インチ盤が原盤だ。

④のハリー・ベラフォンテのレコード（RCA Victor）はジャズではない。ロマンチックなラブソングを集めて、それをオーケストラの伴奏でベラフォンテがラブリーに歌いあげる。正直なところ、あまり面白い音楽とはいえない（あくまで個人的感想）。どうしてDSMがこのレコードのデザインを手がけることになったのかは不明。しかしジャケットにしっか

①

②

⑤

CAL 588
COUNT BASIE ORCHESTRA WITH JIMMY RUSHING · WINGY MANONE · LIZZIE MILES · CHARLIE VENTURA ORCHESTRA WITH LUCY REED · JOHNNY MOORE'S THREE BLAZERS WITH BILLY VALENTINE · HOT LIPS PAGE TRIO · LEADBELLY · LIL GREEN · FATS WALLER · EARL HINES ORCHESTRA WITH BILLY ECKSTINE · LOUIS ARMSTRONG · JACK TEAGARDEN · SEXTET OF THE RHYTHM CLUB OF LONDON
RCA CAMDEN
SINGIN' THE BLUES

④

FOLK BALLADS
VICTOR
LS-5133
love is a gentle thing

FPX 126 Ⓢ
JAZZ CONCERT
starring:
COLEMAN HAWKINS
DIZZY GILLESPIE
GEORGIE AULD
BEN WEBSTER
CHARLIE SHAVERS
... and others
body and soul
feeling zero
yesterdays
disorder at the border
woody'n you
du dee daht
porgy
salt peanuts
pick up boys
I can't get started
taps miller
concerto for tenor
Columbia

③

りと署名は入っている。この絵も、クレフ／ノーグランのために描いたものに比べると遥かにカラフルだ。

⑤はレナード・フェザーが企画を立てて制作したコンピレーション・レコード。黒人ブルーズの歴史を様々な歌手の歌で系統的に辿る。目の行き届いたしっかりした選曲で聴かせる。キャムデン（Camden）はRCAの子会社で、主に廉価《れんか》盤をリリースしていた。DSMがどうしてここで仕事をすることになったのか、それも不明。優れた内容のレコードではあるけれど。

⑥ウディー・ハーマン楽団が1946年にカーネギー・ホールで開いたコンサート。当時のハーマン楽団は「ハード（Herd）」と呼ばれ（後には「ファースト・ハード」と呼ばれる）、絶大な人気を誇っていた。フリップ・フィリップス、ピート・カンドリ、ビル・ハリス、ソニー・バーマン、レッド・ノーヴォといった実力あるスター・ミュージシャンが勢揃いし、アレンジャーはニール・ヘフティとラルフ・バーンズという布陣だ。バップ音楽とスイング音楽をうまく、人々にわかりやすいように合体させていた。今となってはそれほど面白い音楽とも思えないが（なんだかうるさいだけ）、当時はエリントン楽団やベイシー楽団と並んで高い評価を得ており、カーネギー・ホールを満員にすることができた。このレコードはMGMから1952年に発売されたが、DSMとの接点はここでも不明。

⑦まえがきにも書いたように、ヴァーヴ・レーベルをMGMに売却したノーマン・グランツは、1973年に自己レーベル「パブロ」を起ち上げ、コールマン・ホーキンズのア

ルバム「シリウス」のデザインをＤＳＭに依頼する。しかしＤＳＭとグランツの仕事はこれ一枚だけで終了し、以後パブロのレコード・ジャケットはほとんどすべて白黒写真を使ったものになる。この「シリウス」のジャケットもまた後日、写真ものに変更されている。結局このアルバムがＤＳＭとグランツが組んだ最後の作品になった。アルバム・リリースは１９７４年だが、録音は１９６６年。

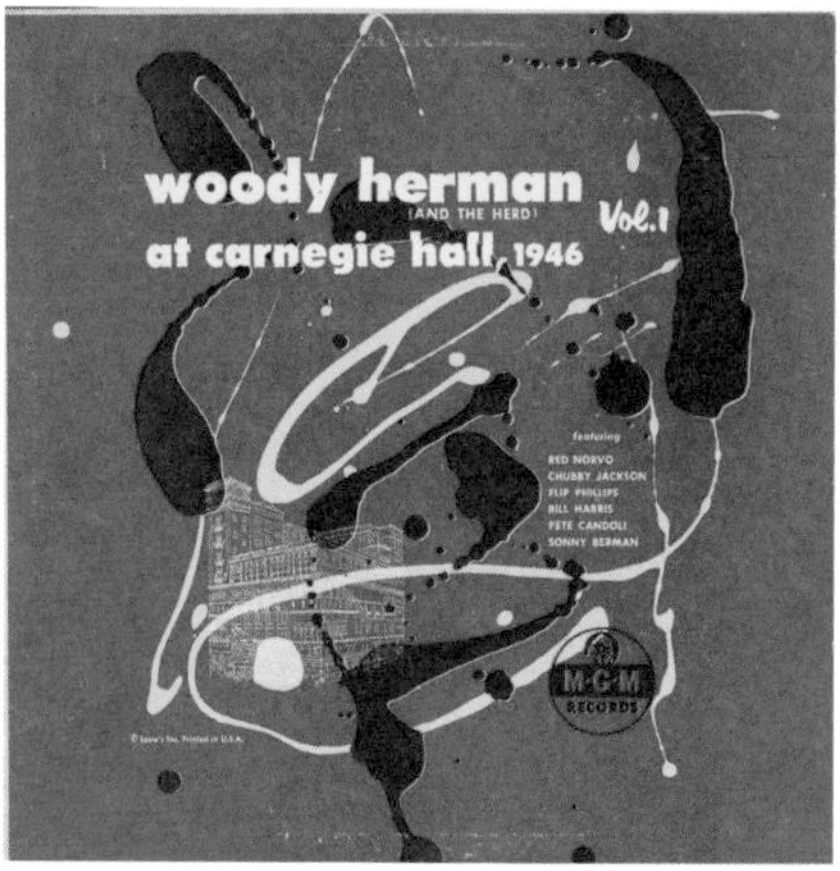

⑥

⑦

近年のDSMデザインのジャケット

① Warne Marsh/Sal Mosca; How Deep/How High　Interplay IP-7725
② Derek Smith; Love for Sale　Progressive 7002
③ Buddy DeFranco; Like Someone in Love　Progressive 7014
④ Arnett Cobb; Funky Butt　Progressive 7054
⑤ Hank Jones; Arigato　Progressive 7004
⑥ All Star Tenor Sax Spectacular　Progressive 7019
⑦ Sonny Stitt; Meets Sadik Hakim　Progressive 7034
⑧ Derek Smith; The Man I Love　Progressive 7035
⑨ Don Friedman; Hot Knepper and Pepper　Progressive 7036
⑩ Kenny Davern; Live Hot Jazz　Statiras SLP-8077
⑪ Jørgen Svare; Body and Soul（デンマーク盤）　T Olufsen DOC-5022

１９７０年代の半ばあたりから、ＤＳＭはジャケット・デザインの仕事を精力的に再開したようだ。主にプログレッシヴ・レーベルのための仕事だった。プログレッシヴは１９５０年代に存在した伝説的なジャズ・レーベルだが（その印象的な社名ロゴはＤＳＭがデザインした）、創始者が久方ぶりにそのレーベルを復活させたのだ。内容はやはり本格的なジャズ。そして彼は昔なじみのＤＳＭにジャケット・デザインを依頼し、画家はそれを快諾した。すべてのジャケットではないが、ある程度の数を描くことで同意がなされた。

ここに並べたジャケットはその一部に過ぎないが（とくに熱心に蒐集したわけではないので）、ご覧のよ

①

うにＤＳＭの絵のスタイルは、クレフ／ノーグラン時代に比べるとかなり雰囲気が違っている。よりカラフルになり、描かれるラインがより柔和になり、人々の顔つきはより人間的になっている。そのぶんデザインとしての鋭さはある程度後退しているかもしれない。エッジがとれているというか……。

しかし昔と今とを比較するのは意味のないことだろう。年月の経過は人を変えるし、人の生き方を変えるし、文体や画風を変えていく。その流れに逆らうことはできない。昔のものは昔のもの、今のものは今のものとしてそのまま受け入れていくしかない。

①は日本人の妙中《たえなか》俊哉さんがカリフォルニアでプロデュースしたアルバム。１９７９年のリリース。ジャケットにはウォーン・マーシュとサル・モスカの顔が描かれている。妙中さんが主宰したインタープレイ（Interplay）・レーベルには、これ以外にも何枚かＤＳＭデザインのジャケットものがあるみたいだが、詳細は不明。僕はウォーン・マーシュとサル・モスカが昔から好きなので、レコード店でこのレコードを見かけて買い求めたが、ジャケットがＤＳＭのデザインであることに気がついたのはずっとあとになってからだ。

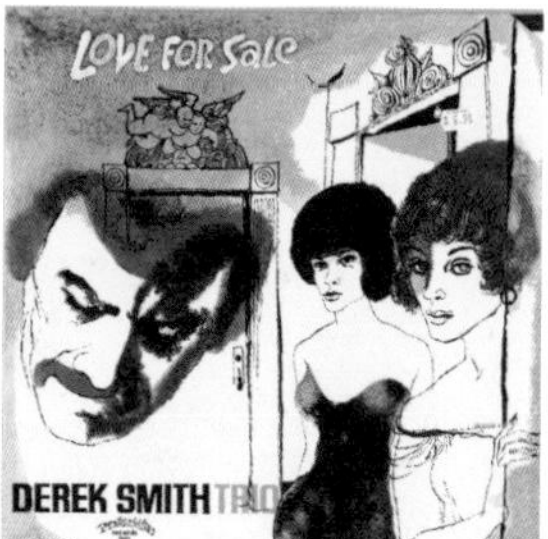

②

③

④

⑤

⑥

⑦

②から⑩まではすべてプログレッシヴ・レーベルからリリースされたもの。おおむね１９７０年代半ばから１９８０年にかけて制作されている。クレフ／ノーグラン時代はほとんどすべてのミュージシャンたちと顔見知りだったが、新しい時代のミュージシャンは顔を知らない人が多いので、だいたい写真を見て描いたということだ。そういうのも以前の仕事とは異なっている点かもしれない。

ここに並んだレコードの中で僕が内容的にいちばん気に入っているのは、ドン・フリードマン（ピアノ）がジミー・ネッパー（トロンボーン）とペッパー・アダムズ（バリトン）を迎えたセッション⑨だ。かつてのハードバップを彷彿させるホットな演奏で、最初から最後までたっぷり楽しめる。ジョージ・ムラツとビリー・ハートのリズム・セクションも素晴らしい。

③もうひとつ、タル・ファーロウ（ギター）の加わったバディ・デフランコのクインテットの演

⑧

⑨

⑩

奏も見事だ。１９７７年の録音だが、二人とも往年の輝きをまったく失っていない。
②の「ラブ・フォー・セール」には娼婦らしき二人の女性の姿が描かれている。アルバム・タイトルが「ラブ・フォー・セール」だからまあ筋は通っているんだけど、ＤＳＭはやはり娼婦を描くのがけっこう好きなのかもしれない。鍵がささったまま垂れている閉じられたドアも、彼の好んで描くアイテムだ。
⑩はプログレッシヴ・レコードの別レーベル、スタティラス（Statiras）のためにＤＳＭが描いたイラスト。白黒のシンプルな図柄だが、その特徴的な線には鋭さより暖かいユーモアの感覚が強く感じられる。このレーベルのロゴもやはりＤＳＭが手がけている。
⑪はデンマークのレコード会社オルフセン（Olufsen）のためにＤＳＭがデザインしたアルバム。クラリネット奏者ヨルゲン・スヴァレの率いるカルテットの演奏。僕の調べた限り、このレコード会社にはＤＳＭの絵を使ったアルバムは他に見当たらなかった。中身はとても感じの良いクラリネットの演奏だ。デンマークの北村英治、とでもいうか。

⑪

本書は書き下ろしです。

装丁・本文レイアウト　大久保明子

撮影　今井知佑　末永裕樹

デヴィッド・ストーン・マーティンの素晴《すば》らしい世界《せかい》

2024年2月25日　第1刷発行

著　者　村上春樹《むらかみはるき》
発行者　花田朋子
発行所　株式会社　文藝春秋
〒102-8008　東京都千代田区紀尾井町3-23
電話　03-3265-1211

印刷所　大日本印刷
製本所　加藤製本
DTP制作　ローヤル企画

ISBN978-4-16-391809-9
Printed in Japan